Beate Büngers
Kristin Rücker

Fundgrube Sportunterricht: Schwimm- und Wasserspiele

80 Spiele zu Wassergewöhnung, Schwimmtechniken, Springen, Tauchen, Ausdauertraining und erstem Retten

1.–4. Klasse

9783403076742

Auer

2. Auflage 2021

AAP Lehrerwelt GmbH, Augsburg

Umschlaggestaltung: Sandra Strixner Grafik Design, Augsburg
Illustrationen: Corina Beurenmeister (S. 7), Hendrik Kranenberg
Satz: Druckerei Joh. Walch, Augsburg
Druck und Bindung: Esser printSolutions GmbH
ISBN 978-3-403-**07674**-2

www.auer-verlag.de

Inhaltsverzeichnis

Vorwort

Schwimmen soll Spaß machen! Am besten gelingt dies, wenn der Schwimmunterricht durch Spiele aufgelockert wird. Leider ist es gerade in der heutigen Zeit immer weniger Kindern möglich, Wasser als Element zu erfahren und zu erleben. Viele Schwimmbäder schließen oder den Familien ist es aus Kostengründen nicht möglich, ihren Kindern Schwimmen beizubringen. Gerade deshalb wird dem Schwimmunterricht in der Grundschule ein hoher Stellenwert zugeschrieben. Die zunehmende Unsicherheit der Kinder und das nicht vertraut sein mit dem Wasser können im Freizeitbereich zu gefährlichen, teilweise lebensbedrohlichen Situationen führen. Hier wird auf den Lehrauftrag der Schule ein besonderes Augenmerk gerichtet. Deshalb ist der Schwimmunterricht fester Bestandteil in den Lehrplänen aller Schulstufen in allen Bundesländern. Schwimmen ist gesundheitsfördernd, es unterstützt die Kinder in ihrer Persönlichkeitsentwicklung sowie in ihrer Motorik, es fördert die Freude an der Bewegung und macht einfach Spaß. Zudem kann eine gute und fundierte Schwimmausbildung Leben retten.

Um allen Kindern und ihren unterschiedlichen Voraussetzungen gerecht zu werden, kommt dem Lehrer[1] eine besondere Aufgabe zu: Der Schwimmunterricht muss so gestaltet werden, dass die Kinder individuell nach ihrem Leistungsstand und ihrem Selbstvertrauen entsprechend gefördert und gefordert werden können. Mittels einer spielerischen Wassergewöhnung und Wasserbewältigung ist dies besonders gut möglich.

1 Aufgrund der besseren Lesbarkeit ist in diesem Buch mit Lehrer immer auch Lehrerin gemeint, ebenso verhält es sich mit Schüler und Schülerin etc.

1 Einleitung

1.1 Kleine Spiele im Schwimmunterricht

Dieses Buch soll als Orientierung dienen, um den Kindern einen abwechslungsreichen und motivierenden Schwimmunterricht ermöglichen zu können. Alle hier aufgeführten Spiele wurden thematisch in sechs Kategorien unterteilt. Diese orientieren sich an den Inhalten der Lehrpläne der verschiedenen Bundesländer:

- **Wassergewöhnung**
- **Schwimmtechniken**
- **Springen und Tauchen**
- **Ausdauerschulung**
- **Kleine Rettungsmaßnahmen**
- **Spiele mit dem Ball**

Bei der Auswahl der Spiele haben wir versucht, darauf zu achten, dass sie für eine flexible Gruppengröße sowie mit geringem Materialaufwand umsetzbar sind. Im Vordergrund stehen dabei die Orientierung im und unter Wasser, der Umgang mit dem Wasserwiderstand, Erfolgserlebnisse beim Bewegen im Wasser, das Reduzieren von Ängsten, das Fördern von Selbstständigkeit sowie das Vermitteln von Selbstvertrauen. Die Spiele sind flexibel in den Schwimmunterricht einzubauen und können unabhängig voneinander eingesetzt werden.

Eine Übersicht über alle 80 Spiele bietet die tabellarische Aufstellung auf S. 10 ff. Sie ermöglicht ein schnelles Nachschlagen, um die passenden Spiele für die jeweilige Gruppe zu finden. Die wichtigsten Informationen für jedes Spiel finden sich zur besseren Übersicht zudem symbolhaft in den Kopfzeilen oben auf den Seiten:

Zunächst werden die Nummer und der Name des jeweiligen Spiels aufgeführt. Das Uhrensymbol steht für die **Dauer** der Spiele, die **5**, **10** oder **15** Min. betragen kann. Der Einfachheit halber folgt nun eine Einteilung der Spiele in **Schwimmer** bzw. **Schwimmanfänger**. So wird schnell ersichtlich, welche Schwimmfähigkeit Voraussetzung für das jeweilige Spiel ist. Mit Schwimmfähigkeit ist in diesem Falle die tatsächliche Schwimmfähigkeit gemeint, der Beckenbereich bzw. die Wassertiefe ist für jedes Spiel zusätzlich aufgeführt (siehe S. 6).

Folgende Symbole verdeutlichen die Einteilung:

Schwimmanfänger: 

Schwimmer: 

Die Spiele für Schwimmanfänger können natürlich auch von Schwimmern gespielt werden.

Auch der **Schwierigkeitsgrad** des Spiels ist angegeben:

leicht: 

mittel: 

schwer: 

Zudem sind die **Wassertiefe** (schultertief und tief) und die benötigten **Materialien** je Spiel sowie für das Kapitel „Spiele zu den Schwimmtechniken" (S. 27 ff.) auch die entsprechende(n) Schwimmtechnik(en) übersichtlich aufgeführt.

1.2 Regeln im Schwimmunterricht

Besonders im Schwimmunterricht ist es wichtig, mit den Schülern im Vorfeld einige Regeln zu besprechen. Diese dienen zum einen der Sicherheit der Kinder und Lehrer und zum anderen einer strukturierteren Unterrichtsorganisation.

Die für uns wichtigsten Regeln (angelehnt an die Erfahrungen aus der eigenen Praxis sowie an die Baderegeln der DLRG) werden auf S. 7 aufgeführt. Es bietet sich an, diese zu kopieren und den Kindern auszuhändigen (ggf. vorher laminieren)

Um den Ablauf des Schwimmunterrichts generell zu organisieren, ist es wichtig, dass die Eltern und Schüler im Vorfeld informiert werden. Hierzu haben wir einen Elternbrief (siehe S. 8) und eine Einverständniserklärung für den Schwimmunterricht (siehe S. 9) konzipiert, die die Eltern zum einen über den Ablauf des Schwimmunterrichtes informieren und zum anderen den Schwimmlehrern einen guten Überblick verschaffen, bevor es mit dem eigentlichen Schwimmunterricht losgeht.

Schwimmregeln

Folgende Regeln musst du beim Schwimmunterricht im Hallenbad beachten:

- Dusche dich vor und nach dem Schwimmen ab.
- Esse kurz vor dem Schwimmen nur eine Kleinigkeit.
- Betrete die Schwimmhalle erst, wenn dein Lehrer anwesend ist.
- Gehe zuerst zum Sammelpunkt deiner Gruppe.
- Laufe langsam – Rutschgefahr!
- Du darfst erst auf Anweisung deines Lehrers ins Wasser gehen.
- Springe nur ins Wasser, wenn es tief genug ist und du niemanden gefährdest.
- Schubse niemanden ins Wasser.
- Tauche niemanden unter und nimm Rücksicht.
- Verlasse das Wasser, sobald dir kalt wird und du anfängst zu frieren.

Ergänzende Regeln für den Freibadbesuch:

- Benutze Sonnencreme, um dich vor der Sonne zu schützen.
- Halte dich in den Schwimmpausen im Schatten auf.
- Kühle dich ab, bevor du ins Wasser gehst.
- Benutze im tiefen Wasser keine Schwimmreifen, Schwimmtiere, Luftmatratzen etc., denn sie bieten dir keine Sicherheit.
- Wenn du aus dem Wasser kommst, wechsele deine nassen Badesachen, damit du dich nicht erkältest.
- Verlasse bei Gewitter sofort das Wasser.

Elternbrief

Liebe Eltern der Klasse _______________,

ab dem _______________ findet wöchentlich in der Zeit von _______________ Uhr bis _______________ Uhr das Schulschwimmen für Ihr Kind statt. Bitte geben Sie Ihrem Kind für den Schwimmunterricht folgende Dinge mit:

- Badeanzug/Badehose
- Duschgel
- Handtuch
- Badeschuhe
- Kleingeld zum Föhnen und für den Schrank
- Kopfbedeckung/Mütze (nach dem Schwimmen)
- Haargummi für lange Haare
- Schmuck sollte zu Hause bleiben.

Weitere Hinweise:

____

____

____

Mit sportlichen Grüßen

____

Einverständniserklärung für den Schwimmunterricht

Mein Sohn / Meine Tochter ______________________________,

Klasse __________,

◯ kann am Schwimmunterricht teilnehmen. Es bestehen keine gesundheitlichen Bedenken.

◯ kann nicht schwimmen.

◯ kann schwimmen und hat folgende Schwimmabzeichen:

____

____

◯ kann aus folgenden gesundheitlichen Gründen nur eingeschränkt am Schwimmunterricht teilnehmen: ______________________________

____

____

Weitere Hinweise:

____

____

Ort, Datum ______________________________

Unterschrift ______________________________

1.4 Verzeichnis der Spiele mit Anwendungsbereichen

Name des Spiels	Nr. des Spiels	Seite	Schwimmfähigkeit		Wassertiefe	Dauer	Schwierig-keitsgrad	Materialien

Spiele zur Wassergewöhnung								
Waschmaschine	**1**	**14**	**x**	**x**	**schultertief**	**5 Min.**	◎	–
Wasserstrudel	**2**	**15**	**x**	**x**	**schultertief**	**5 Min.**	◎	–
Hai und Fisch	**3**	**16**	**x**	**x**	**schultertief**	**10 Min.**	◑	–
Wer hat Angst vorm weißen Hai?	**4**	**17**	**x**	**x**	**schultertief**	**10 Min.**	◑	–
Dreh das Brett!	**5**	**18**	**x**	**x**	**schultertief**	**5 Min.**	◑	✓
Aquarium	**6**	**19**	**x**	**x**	**schultertief**	**5 Min.**	◑	✓
Boot fahren	**7**	**20**	**x**	**x**	**schultertief**	**10 Min.**	●	✓
Yachthafen	**8**	**21**	**x**	**x**	**schultertief**	**10 Min.**	◑	✓
Bälle pusten	**9**	**22**	**x**	**x**	**schultertief**	**5 Min.**	◑	✓
Kommando-Wasserlauf	**10**	**23**	**x**	**x**	**schultertief**	**5 Min.**	●	✓
Baumstammtransport	**11**	**24**	**x**	**x**	**schultertief**	**5 Min.**	◑	–
Kettenfangen	**12**	**25**	**x**	**x**	**schultertief**	**10 Min.**	◎	–
Gordischer Knoten	**13**	**25**	**x**	**x**	**schultertief**	**5 Min.**	◑	–
Tanz auf dem Brett	**14**	**26**	**x**	**x**	**schultertief**	**10 Min.**	●	✓
Spiele zu den Schwimmtechniken								
Transportstaffel	**15**	**28**		**x**	**tief**	**10 Min.**	●	✓
Befördert den Ring!	**16**	**29**		**x**	**tief**	**10 Min.**	●	✓
Treibgut	**17**	**30**		**x**	**tief**	**10 Min.**	◑	✓
Walfänger	**18**	**31**		**x**	**tief**	**10 Min.**	◎	✓
Piraten-Attacke	**19**	**32**		**x**	**tief**	**10 Min.**	◑	✓
Synchronschwimmen	**20**	**33**		**x**	**tief**	**10 Min.**	●	–
Eimer leeren	**21**	**33**		**x**	**tief**	**10 Min.**	◑	✓
T-Shirt-Flossen-Staffel	**22**	**34**		**x**	**tief**	**15 Min.**	◑	✓
Würfelschwimmen	**23**	**35**		**x**	**tief**	**15 Min.**	◑	✓
Feuer – Wasser – Sonne	**24**	**37**		**x**	**tief**	**10 Min.**	◎	–
Tandemkraulen	**25**	**38**		**x**	**tief**	**5 Min.**	●	✓
3er-Nudel	**26**	**39**		**x**	**tief**	**5 Min.**	◑	✓
Haifischschwimmen	**27**	**40**		**x**	**tief**	**10 Min.**	◑	✓

Name des Spiels	Nr. des Spiels	Seite	Schwimmfähigkeit		Wassertiefe	Dauer	Schwierig-keitsgrad	Materialien

Spiele zum Springen und Tauchen								
Fischer, Fischer, wie tief ist das Wasser?	**28**	**42**	x	x	**schultertief**	**10 Min.**	○	–
Brückenfangen	**29**	**42**	x	x	**schultertief**	**10 Min.**	◑	–
Höhlenfische	**30**	**43**	x	x	**schultertief**	**10 Min.**	◑	✓
Dominosprünge	**31**	**44**		x	**tief**	**10 Min.**	○	–
Schatzsuche	**32**	**45**		x	**tief**	**10 Min.**	◑	✓
Schatztruhenschieben	**33**	**45**		x	**tief**	**10 Min.**	◑	✓
Kopfsprungstaffel	**34**	**46**		x	**tief**	**5 Min.**	◑	–
Tauchringstaffel	**35**	**47**		x	**tief**	**10 Min.**	●	✓
Taucherglocke	**36**	**48**		x	**tief**	**10 Min.**	◑	✓
Sprungartisten	**37**	**49**		x	**tief**	**10 Min.**	○	✓
Taucherstaffel 1	**38**	**50**		x	**schultertief**	**5 Min.**	◑	–
Taucherstaffel 2	**39**	**50**		x	**tief**	**10 Min.**	●	✓
Streckentauchen	**40**	**51**		x	**tief**	**10 Min.**	◑	✓
Spiele zur Ausdauerschulung								
Kartenschwimmen	**41**	**53**		x	**tief**	**15 Min.**	◑	✓
Tischtennisballtauchen	**42**	**55**		x	**tief**	**10 Min.**	◑	✓
Rettungsinsel	**43**	**55**		x	**tief**	**10 Min.**	◑	✓
Abschleppdienst	**44**	**56**		x	**tief**	**5-10 Min.**	◑	✓
Fülle den Eimer	**45**	**57**		x	**tief**	**10 Min.**	○	✓
Schwimmer ärgere dich nicht	**46**	**58**		x	**tief**	**15 Min.**	◑	✓
Wasseratome	**47**	**60**		x	**tief**	**5 Min.**	○	–
Transportschwimmen	**48**	**60**		x	**tief**	**10 Min.**	○	✓
Ringfangen	**49**	**61**		x	**tief**	**10 Min.**	◑	✓
Schwimmer und Taucher	**50**	**62**		x	**tief**	**10 Min.**	◑	✓
Fuchsjagd	**51**	**63**		x	**tief**	**10 Min.**	○	✓
Schwimmende Tiger und Löwen	**52**	**64**		x	**tief**	**10 Min.**	○	✓
Schwimmende Kette	**53**	**66**		x	**tief**	**10 Min.**	◑	✓

Name des Spiels	Nr. des Spiels	Seite	Schwimmfähigkeit		Wassertiefe	Dauer	Schwierig-keitsgrad	Materialien

Spiele zu ersten kleine Rettungsmaßnahmen								
Abschlepp-Staffel	**54**	**69**		**x**	**tief**	**10 Min.**	●	–
Kommando-Schwimmen	**55**	**70**		**x**	**tief**	**10 Min.**	●	–
Pfeilspiel	**56**	**70**		**x**	**schultertief**	**10 Min.**	◎	–
Rettet mich!	**57**	**71**		**x**	**tief**	**10 Min.**	◎	✓
Wilde Floßfahrt	**58**	**72**		**x**	**tief**	**10 Min.**	◑	✓
Nudelsalat	**59**	**73**		**x**	**tief**	**10 Min.**	◑	✓
Fähre	**60**	**74**		**x**	**tief**	**10 Min.**	◑	✓
Klamottenschwimmen	**61**	**75**		**x**	**tief**	**10 Min.**	●	✓
Abschleppen mit dem Rettungsball	**62**	**76**		**x**	**tief**	**10 Min.**	◑	✓
Wirf den Rettungsball	**63**	**77**		**x**	**schultertief**	**10 Min.**	●	✓
Mann über Bord	**64**	**78**		**x**	**tief**	**10 Min.**	◑	✓
Krankentransport	**65**	**79**		**x**	**tief**	**10 Min.**	◑	–
Kleine Rettungsübung	**66**	**79**		**x**	**tief**	**10 Min.**	●	✓
Spiele mit dem Ball								
Schneller Ball	**67**	**81**	**x**	**x**	**schultertief**	**10 Min.**	◑	✓
Balltransport	**68**	**82**	**x**	**x**	**schultertief**	**10 Min.**	◎	✓
Wasserfußball	**69**	**83**	**x**	**x**	**schultertief**	**10 Min.**	◑	✓
Königsball	**70**	**84**	**x**	**x**	**schultertief**	**10 Min.**	◑	✓
Fängerball	**71**	**85**	**x**	**x**	**schultertief**	**10 Min.**	◑	✓
Ball über die Schnur	**72**	**85**	**x**	**x**	**schultertief**	**10 Min.**	◎	✓
Schulterball	**73**	**86**	**x**	**x**	**schultertief**	**10 Min.**	●	✓
Pyramidenwerfen	**74**	**87**	**x**	**x**	**schultertief**	**5 Min.**	◎	✓
Wassermerkball	**75**	**88**	**x**	**x**	**schultertief**	**10 Min.**	◑	✓
Ballsammler	**76**	**89**	**x**	**x**	**schultertief**	**5 Min.**	◎	✓
Robbenball	**77**	**89**	**x**	**x**	**schultertief**	**10 Min.**	◎	✓
Tauchball	**78**	**90**	**x**	**x**	**schultertief**	**10 Min.**	◑	✓
Wasserball	**79**	**91**	**x**	**x**	**schultertief**	**10 Min.**	●	✓
Wasserballtreiben	**80**	**92**	**x**	**x**	**schultertief**	**5 Min.**	◎	✓

2 Spiele zur Wassergewöhnung

Grundlegend für den Schwimmunterricht, gerade in Bezug auf die Schwimmanfänger, ist eine ausreichende Wassergewöhnung. Die Schüler sollen so den neuen, teilweise unbekannten Übungsraum kennenlernen. Es wird immer Kinder geben, die Freude und Spaß am Schwimmen haben, genauso wie es Kinder geben wird, die sich gegenüber dem Wasser sehr ängstlich verhalten. Hier ist es besonders wichtig, keinen Druck auszuüben, genügend Zeit zu geben und ggf. von der Angst abzulenken, damit die Kinder diese überwinden können. Wichtige und eventuell auch völlig neue Erfahrungen können hierbei das Empfinden des Wasserwiderstandes oder gar das Ausatmen gegen den Wasserdruck sein. Auch werden neue Erlebnisse durch das Bewegen im Wasser oder außerhalb mit dem rutschigen Untergrund gemacht.

Für einige Schüler wird es eine Herausforderung sein, Wasser im Gesicht zu ertragen, andere werden sofort tauchen wie Fische, ohne bislang schwimmen zu können. Besonders das Lösen und das sichere Landen auf dem Boden des Schwimmbeckens, die Entwicklung von zügigen Bewegungen, aber auch der Gleichgewichtssinn sollen mit den folgenden Spielen trainiert werden.

1 Waschmaschine

5 Min.

Materialien:
keines

Wassertiefe:
schultertief

Durchführung:
Alle Kinder befinden sich im schultertiefen Wasser, fassen sich an den Händen und bilden einen Kreis. Langsam beginnen die Kinder nun, sich im Kreis zu drehen (die Waschmaschine beginnt zu laufen).

Auf Zuruf werden folgende Aufgaben ausgeführt:
- Rechts bzw. links: Die Richtung wird gewechselt.
- Wasser: Mit den Händen wird Wasser von außen in den Kreis geschoben.
- Waschpulver: Die Kinder blubbern mit dem Mund ins Wasser.
- Schleudern: Die Kinder drehen sich immer schneller im Kreis.
- Turbo: Die Kinder drehen sich um sich selbst.

Varianten:
- Das Tempo der Zurufe kann erhöht werden, um so den Schwierigkeitsgrad zu steigern.
- Es können 2 Kreise gebildet werden: 1 Außenkreis und 1 Innenkreis. Beide Kreise drehen sich anfangs in die gleiche Richtung und führen die Aufgaben, die zugerufen werden, zeitgleich aus. Danach können sich die beiden Kreise auch in entgegengesetzte Richtungen bewegen, wodurch es etwas schwieriger wird, die zugerufenen Aufgaben auszuführen.
- Die beiden Kreise können auch so aufgeteilt werden, dass 1 Kreis nur aus den Jungen und 1 Kreis nur aus den Mädchen besteht.

2 Wasserstrudel 5 Min.

Materialien:
keines

Wassertiefe:
schultertief

Durchführung:
Alle Kinder fassen sich an den Händen und bilden einen Kreis. Langsam beginnen die Kinder, sich im Kreis zu drehen. Durch die Rotation wird das Wasser mitbewegt und ein kleiner Strudel entsteht. Das Tempo wird langsam gesteigert, bis sich auf Zuruf des Lehrers alle Kinder loslassen.

Von der Rotation werden die Kinder auseinandergetrieben. Vorher kann ausgemacht werden, welche Übung beim Zurufen ausgeführt werden soll:

- Päckchen bilden: Die Kinder umfassen die Knie.
- Brett: Die Kinder legen sich flach auf den Rücken/Bauch.
- Abtauchen: Die Kinder tauchen unter Wasser.
- Sitzen: Die Kinder nehmen im Wasser eine Sitzhaltung ein.

Varianten:

- Anstelle des Lehrers kann auch jeweils ein Kind die Übungen, die ausgeführt werden sollen, zurufen.
- Es ist auch möglich, dass der Strudel mit 1 Innen- und 1 Außenkreis erzeugt wird. Dabei können sowohl 2 gemischte Kreise wie auch 1 Kreis nur mit den Jungen und 1 Kreis nur mit den Mädchen gebildet werden.

Tipps:
Je nach Mut und Selbstvertrauen entscheiden die Schüler selbst, welche Übungen sie sich zutrauen.
Um den Effekt des Strudels zu vergrößern, sollte darauf geachtet werden, dass sich die Kinder eine gewisse Zeit lang im Kreis drehen, bevor die Aufgaben zugerufen werden.

3 Hai und Fisch

10 Min.

Materialien:
keines

Wassertiefe:
schultertief

Durchführung:
Die Kinder fassen sich an den Händen und bilden einen Kreis, das Fischernetz. 3 Schüler sind die Fische und befinden sich innerhalb des Kreises. 2 Schüler, die Haie, sind außerhalb des Kreises. Die Haie müssen versuchen, die Fische zu fangen. Das Fischernetz unterstützt die Fische und hilft diesen, durch die Maschen zu schlüpfen. Dabei dürfen sich die Kinder, die das Netz bilden, nicht loslassen. Für die Haie wird das Netz nicht geöffnet, sie müssen trotzdem irgendwie versuchen, an die Fische zu gelangen, z. B. indem sie eine eventuelle schwache Stelle im Fischernetz ausfindig machen. Wurde ein Fisch von einem Hai gefangen, beginnt eine neue Runde mit neuen Fischen und Haien.

Variante:
Dieses Spiel kann auch wie folgt gespielt werden: Wurde ein Fisch von einem Hai gefangen, wird dieser Fisch nun auch zum Hai, der außerhalb des Kreises ebenfalls versuchen muss, Fische zu fangen. Ein Kind aus dem Kreis geht in die Mitte und wird zu einem Fisch. Es wird so lange gespielt, bis sich mehr Haie außerhalb des Fischernetzes befinden als die Anzahl der Fische und der Kinder, die den Kreis bilden.

Tipp:
Die Anzahl der Fische und Haie kann je nach Schwimmgruppe variiert werden.

4 Wer hat Angst vorm weißen Hai? 10 Min.

Materialien:
keines

Wassertiefe:
schultertief

Durchführung:
Ein Kind, der weiße Hai, steht auf einer Seite des Beckens und ruft den Mitspielern am anderen Beckenrand zu: „Wer hat Angst vorm weißen Hai?“
Die Mitspieler rufen: „Niemand!“
Der weiße Hai ruft: „Und wenn er kommt?“
Die Mitschüler antworten: „Dann schwimmen wir!“

Nun versuchen alle Mitschüler, auf die gegenüberliegende Seite des Beckens zu gelangen, ohne dass der weiße Hai sie erwischt. Wer gefangen wurde, hilft in der nächsten Runde dem weißen Hai.

Variante:
Unterschiedliche Bewegungsmöglichkeiten können vorgegeben oder von den Schülern selbst gefunden werden: schwimmen, hüpfen, rückwärts-/vorwärtsgehen, tauchen, gemeinsam mit einem Partner etc.

5 Dreh das Brett! 5 Min.

Materialien:
Schwimmbretter mit 2 verschiedenfarbigen Oberflächen (z. B. oben blau unten weiß; es sollten mehr Schwimmbretter als teilnehmende Kinder vorhanden sein), Stoppuhr, Pfeife

Wassertiefe:
schultertief

Durchführung:
Es werden Schwimmbretter im Wasser verteilt, idealerweise sind mehr Schwimmbretter vorhanden als Kinder. Die Kinder werden in 2 gleich starke Gruppen eingeteilt. Jeder Gruppe wird eine Farbe des Schwimmbretts zugeordnet. Auf ein Kommando hin versuchen die Kinder, alle Schwimmbretter so umzudrehen, dass die Farbe ihrer Gruppe nach oben zeigt. Je nach Schwimmfähigkeit müssen die Kinder kleine Strecken schwimmend zurücklegen, teilweise auch laufend. Nach einer vorher festgelegten Zeit ertönt der Schlusspfiff und es darf kein Schwimmbrett mehr umgedreht werden. Nun werden die Schwimmbretter anhand der obenliegenden Farben gezählt und die Gruppe mit den meisten Schwimmbrettern hat gewonnen.

Variante:
Um den Schwierigkeitsgrad zu steigern, kann die Aufgabe so abgeändert werden, dass die Kinder die Schwimmbretter umdrehen müssen, ohne ihre Hände dabei zu benutzen.

Tipp:
Die Schüler sollten immer wieder ermutigt werden, ihre bereits gelernten Schwimmtechniken anzuwenden, auch wenn sie nur ein paar Schwimmzüge machen.

6 Aquarium — 5 Min.

Materialien:
Schwimmtiere (z. B. Quietscheenten, Schwimmblüten, Plastikfische, Tischtennisbälle etc.), ggf. Schwimmnudeln etc.

Wassertiefe:
schultertief

Durchführung:
Alle vorhandenen schwimmbaren Materialien werden in das Nichtschwimmerbecken gegeben. Nur durch Wellen, die von den Kindern gemeinsam mittels Armbewegungen erzeugt werden, sollen die Schwimmtiere von einer Seite des Beckens auf die andere befördert werden.

Variante:
Mithilfe von Schwimmnudeln können Gehege gebildet werden, in die die unterschiedlichen Tiere einsortiert werden müssen.

7 Boot fahren

10 Min.

Materialien:
Tauchringe, Schwimmnudeln, Schwimmmatten

Wassertiefe:
schultertief

Durchführung:
Jedes Kind bekommt einen Tauchring und hält diesen als Steuerrad seines Bootes vor sich. Die Schüler können zunächst frei ausprobieren, wie sie sich im Wasser bewegen können. Mit Schwimmnudeln und Schwimmmatten können Hindernisse und Häfen dargestellt werden. Wenn ein Boot kaputt geht, kann es am Tauchring abgeschleppt werden.

So können die Boote sich auf dem Wasser verhalten:
- vorwärts-/rückwärtsfahren
- schnell und langsam fahren im Wechsel
- sich gegenseitig überholen
- umeinander herumfahren
- (vorsichtig) zusammenstoßen

8 Yachthafen | 10 Min.

Materialien:
Schwimmnudeln

Wassertiefe:
schultertief

Durchführung:
2 Kinder halten 2 Schwimmnudeln an den Enden so fest, dass die Schwimmnudeln über dem Wasser 2 Bögen/Tunnel bilden. Damit stellen sie einen Hafen dar. In jedem Hafen steht ein Kind – die Yacht.

Der Lehrer gibt nun die Kommando vor:
- Beim Kommando „Yacht“ müssen alle Yachten so schnell wie möglich einen neuen Hafen finden.
- Das Kommando „Hafen“ bedeutet, dass die Hafenkinder ihre Schwimmnudeln fallen lassen müssen, um sich zu neuen Häfen zusammenzufinden, während die Yacht, also das Yachtkind, im Hafen stehen bleibt.
- Beim Kommando „Yachthafen“ werden alle Plätze getauscht.

Tipp:
Ist die Anzahl der Kinder nicht durch 3 teilbar, können die übrigen Kinder die Kommandos übernehmen.

9 Bälle pusten

5 Min.

Materialien:
Tischtennisbälle, ggf. Stoppuhr

Wassertiefe:
schultertief

Durchführung:
Im Wasser befinden sich Tischtennisbälle. Die Schüler sollen versuchen, nur durch Pusten die Bälle vorwärts zu bewegen. Ziel könnte sein, von einer Seite zur anderen zu gelangen, sich die Bälle gegenseitig zuzupusten oder die Bälle in die Wasserablaufrinne des Schwimmbeckens zu befördern.

Varianten:
- Der Schwierigkeitsgrad kann erhöht werden, indem einige Kinder am Beckenrand sitzen und mit den Beinen das Wasser bewegen, sodass Wellen entstehen.
- Es kann auch eine bestimmte Zeit vorgegeben werden, in der die Kinder versuchen müssen, so viele Tischtennisbälle wie möglich an den Rand zu pusten.
- Es ist auch möglich, dass Partnergruppen oder 3er-Gruppen (je nach Anzahl der Kinder) gebildet werden. Jede Gruppe bekommt einen Ball und gemeinsam müssen die Kinder einer Gruppe versuchen, den Ball durch das Becken zu pusten.

Tipp:
Anstelle von Tischtennisbällen können die Kinder auch versuchen, Luftballons, kleinere Plastikbälle oder auch bunte Plastikeier zu pusten.

10 Kommando-Wasserlauf | 5 Min.

Materialien:
Pfeife

Wassertiefe:
schultertief

Durchführung:
Alle Schüler stehen nebeneinander im Wasser am Beckenrand. Auf ein Kommando des Lehrers bewegen sie sich laufend auf die andere Seite, ohne zu schwimmen oder zu tauchen.

Folgende Fortbewegungsmöglichkeiten können mittels eines Kommandos durch den Lehrer vorgegeben werden:

- Vorwärts bzw. rückwärts: Die Kinder laufen vorwärts oder rückwärts.
- Hände über/hinter den Kopf: Die Kinder halten die Hände über/hinter den Kopf.
- Eine Schlange bilden und bewegen: 4 oder 5 Kinder bilden eine Schlange und bewegen sich im Team.
- Huckepack: Die Kinder nehmen einen Partner huckepack.
- Den Partner in Rückenlage/Bauchlage durch das Wasser ziehen: Die Kinder bilden 2er-Teams und lassen sich in Rückenlage/Bauchlage vom Partner ziehen; beim Start liegen die Füße auf dem Beckenrand.

Varianten:

- Um die Kinder zusätzlich zu motivieren, kann der Lehrer z. B. vorgeben, dass die Kinder den Beckenrand mit möglichst wenigen Schritten erreichen sollen.
- Die Kinder können auch selbst eigene Fortbewegungsmöglichkeiten erfinden und ausprobieren. Im weiteren Verlauf des Spiels können dann, anstatt dass der Lehrer die Fortbewegungsmöglichkeiten vorgibt, im Wechsel verschiedene Kinder, die eine Idee für eine Fortbewegungsart haben, die Kommandos geben.
- Es können auch Partnergruppen gebildet werden und beide Partner führen die Bewegungen gemeinsam aus.

11 Baumstammtransport

5 Min.

Materialien:
keines

Wassertiefe:
schultertief

Durchführung:
Der Lehrer teilt die Kinder in Paare ein. Jeweils 2 Kinder stehen sich im Wasser gegenüber und fassen sich an den Händen, sodass ein Förderband entsteht. Am Start legt sich ein Kind, der Baumstamm, auf das Förderband und wird nun von den Mitspielern weitergereicht, bis es am Ende ins Wasser plumpst. Mit dem nächsten Kind, das von den Mitspielern weitergereicht wird, wird das Förderband verlängert. Wenn es am Ende ins Wasser geplumpst ist, reicht es dem wartenden Kind die Hände. Gemeinsam stellt sich das Paar neben das letzte Paar und verlängert so das Förderband.

Varianten:
- Ist den Kindern der Spielablauf bekannt, kann dieses Spiel auch als Wettspiel mit 2 Gruppen gespielt werden.
- Die Kinder können die Hände überkreuz mit dem Partner verschränken.
- Die Kinder können ausprobieren, ob sie sich lieber mit dem Bauch oder mit dem Rücken auf das Transportband legen möchten.

Tipp:
Für das Kind, das als Baumstamm transportiert werden soll, ist es hilfreich, wenn es sich wirklich lang macht, so lang wie ein Baum.

12 Kettenfangen — 10 Min.

Materialien:
keines

Wassertiefe:
schultertief

Durchführung:
2 Kinder fassen sich an den Händen. Dieses Paar fängt laufend oder schwimmend ein drittes und anschließend ein viertes Kind. Dann teilen sich diese 4 Kinder wieder in Paare auf und jede 2er-Gruppe versucht erneut, ein drittes und ein viertes Kind zu fangen. Anschließend teilt sich diese Gruppe erneut auf. Sind alle Kinder gefangen, ist das Spiel beendet.

Tipp:
Je nach Gruppengröße kann es hilfreich sein, das Spielfeld zu begrenzen, da die „Ketten" deutlich langsamer im Wasser unterwegs sind als die einzelnen Kinder.

13 Gordischer Knoten — 5 Min.

Materialien:
keines

Wassertiefe:
schultertief

Durchführung:
Alle Schüler bilden 1 engen Kreis und strecken die Hände nach vorne aus. Sie machen die Augen zu, greifen jeweils 2 Hände und halten diese fest. Wenn alle Kinder 2 Hände gefunden haben, werden die Augen geöffnet und es wird versucht, den Gordischen Knoten zu entknoten, ohne dabei die Hände zu lösen.

Tipp:
Um das Prinzip des Gordischen Knoten zu erläutern, kann es hilfreich sein, das Spiel zuvor am Beckenrand zu besprechen und als „Trockenübung" durchzuführen. So können die Schüler direkt loslegen, sobald sie im Wasser sind.

14 Tanz auf dem Brett — 10 Min.

Materialien:
1 Schwimmbrett pro Kind, ggf. Pfeife

Wassertiefe:
schultertief

Durchführung:
Alle Kinder bilden einen Kreis. Jedes Kind bekommt 1 Schwimmbrett und stellt sich mit beiden Füßen unter Wasser darauf. Nun fassen sich alle Kinder an den Händen. Gemeinsam wird eine Richtung festgelegt, in die die Kinder „tanzen" sollen. Hierbei müssen die Kinder versuchen, mit einem Fuß ihr Brett unter Wasser festzuhalten und mit dem anderen Fuß bereits auf das Nachbarbrett zu steigen.
Damit alle gleichzeitig auf das nächste Brett steigen, bietet es sich an, den Wechsel mit einem zuvor festgelegten Kommando (Klatschen, Zuruf, Pfiff usw.) akustisch anzukündigen.
Je nach Gruppe und Erfahrung sieht es so aus, als würden die Kinder auf den Brettern tanzen.

Tipp:
Bevor das Spiel gemeinsam gespielt wird, ist es wichtig, dass die Kinder alleine üben, sich auf ihr Schwimmbrett zu stellen, ohne dass es nach oben an die Wasseroberfläche kommt.

3 Spiele zu den Schwimmtechniken

Insgesamt lassen sich 3 verschiedene Schwimmtechniken für den Grundschulbereich unterscheiden. Zunächst wird vom Brustschwimmen ausgegangen, da die meisten Kinder mit dieser Technik bereits Vorerfahrungen gesammelt haben, auch wenn es nicht unbedingt die leichteste Technik ist. Anschließend bietet es sich an, mit dem Rückenschwimmen fortzufahren, um später mit dem Kraulschwimmen abzuschließen.

Beim **Brustschwimmen** finden alle Bewegungen im Wasser statt. In Bauchlage gleiten zu können ist eine wichtige Voraussetzung für das Brustschwimmen. Der Körper befindet sich dabei horizontal zum Wasserspiegel im Wasser. Durch abwechselnde Arm- und Beinbewegungen wird der Schwimmer angetrieben. Unterbrochen wird die Bewegungsphase der Arme und Beine lediglich durch eine gestreckte Gleitphase.

Beim **Rückenschwimmen** liegt der Körper flach in Rückenlage auf dem Wasser. Der Kopf kann in dieser Position beim Ein- und Ausatmen seine Lage beibehalten, sodass es durchgängig möglich ist zu atmen. Durch eine wechselseitige Zug- und Druckphase der Arme wird der Schwimmer angetrieben. Zudem folgt eine Überwasserphase der Arme und Hände. Die Beine bewegen sich im Wechsel gestreckt und parallel zur Wasseroberfläche.

Auch beim **Kraulschwimmen** liegt der Körper bäuchlings flach im Wasser. Diese Schwimmtechnik zeichnet sich durch das Hin- und Herrollen um die Körperachse aus. Zum Einatmen muss der Kopf seitlich gedreht werden, wobei sich der gesamte Körper mitdreht. Durch die Arme und Hände erfolgt der größte Antrieb. Die Beine bewegen sich im Wechsel gestreckt und parallel zur Wasseroberfläche.

Die nachfolgenden Spiele beziehen sich auf die bereits erlernten Techniken des Brust-, Rücken- und Kraulschwimmens. Es sind durchaus mehrere Techniken in einem Spiel anwendbar. Die Technik sollte dabei immer an die Schwimmgruppe angepasst werden. Die Spiele sind nicht dazu gedacht, die Techniken einzuführen, sondern sie auszuweiten und zu festigen.

15 Transportstaffel — 10 Min.

Materialien:
1 Schwimmbrett und 1 Tauchring pro Gruppe, ggf. Ball (Wasserball, Softball oder Luftballon)

Wassertiefe:
tief

Schwimmtechnik:
Brustschwimmen, Kraulschwimmen

Durchführung:
Der Lehrer teilt die Kinder in 2 gleich große Gruppen ein. Jede Gruppe bekommt 1 Schwimmbrett und 1 Tauchring. Der Ring muss nun auf dem Schwimmbrett transportiert werden, ohne dass er ins Wasser fällt. Auf der gegenüberliegenden Seite wartet bereits ein Teammitglied und nimmt das Schwimmbrett an sich, um es weiter zu transportieren. Rutscht ein Tauchring vom Schwimmbrett, muss er wieder hochgetaucht werden. Gewonnen hat die Gruppe, deren Teammitglieder zuerst alle 1-mal die Seite gewechselt haben.

Varianten:
- Das Schwimmbrett kann mit weiteren Gegenständen beladen werden. Die Gruppe, die die meisten Gegenstände transportiert, gewinnt.
- In den Tauchring kann auch ein passender Wasserball, Softball oder Luftballon gelegt werden. Hierdurch wird das Schwimmen mit dem Schwimmbrett erschwert.
- Das Spiel kann auch wie folgt abgewandelt werden: Jedes Kind bekommt 1 Schwimmbrett und es werden mehrere Gruppen (maximal 5 Kinder) gebildet. Das erste Kind der Gruppe schwimmt mit seinem Schwimmbrett und dem Tauchring zur gegenüberliegenden Seite, wo das nächste Kind der Gruppe das Schwimmbrett in Empfang nimmt. Es schiebt sein eigenes Schwimmbrett unter das Schwimmbrett mit dem Tauchring und schwimmt zur gegenüberliegenden Seite. Auf diese Weise entsteht ein hoher Schwimmbrettturm und es wird mit jedem Brett schwieriger, von einer Seite auf die andere zu schwimmen. Auch hier gilt: Fällt der Ring vom Brett, muss er aus dem Wasser getaucht werden und die Gruppe muss von vorne beginnen.

16 Befördert den Ring! 10 Min.

Materialien:
1 Tauchring pro Gruppe, Pfeife, ggf. weitere Gegenstände, ggf. Schwimmbretter

Wassertiefe:
tief

Technik:
Rückenschwimmen

Durchführung:
Es werden 2 Gruppen gebildet. Jede Gruppe bekommt 1 Tauchring. Das erste Kind jeder Gruppe muss nun versuchen, rückenschwimmend den Tauchring auf der Brust oder auf dem Bauch zum anderen Beckenrand zu befördern, ohne dabei den Tauchring mit den Händen festzuhalten. Am Beckenrand wartet bereits das zweite Kind aus der Gruppe, das den Tauchring übernimmt.

Auf ein Kommando starten beide Gruppen. Rutscht der Tauchring ins Wasser, muss er wieder hochgetaucht werden. Gewonnen hat die Gruppe, deren Teammitglieder zuerst alle 1-mal die Seite gewechselt haben.

Variante:
Erschwerend können andere oder sogar mehrere Gegenstände auf der Brust transportiert werden.

Tipp:
Um ein Anschlagen mit dem Kopf am Ende des Beckens zu vermeiden, hat es sich in der Praxis als sehr hilfreich erwiesen, wenn ein Schwimmbrett als „Stoßdämpfer“ zwischen Kopf und Beckenrand gehalten wird. Dieses kann für das schwimmende Kind von einem Gruppenmitglied gehalten werden.

17 Treibgut — 10 Min.

Materialien:
2 Eimer, unterschiedliche Gegenstände, die schwimmen, z. B. Tischtennisbälle, Schwimmblüten, Wasserbälle, Korken, Schwimmtiere etc., Pfeife

Wassertiefe:
tief

Technik:
Brustschwimmen, Kraulschwimmen, Rückenschwimmen

Durchführung:
Am Beckenrand werden 2 Eimer aufgestellt, die sogenannten Treibgut-Eimer. Im Wasser befinden sich unterschiedliche Gegenstände, die schwimmen, das Treibgut. Auf ein Kommando versuchen die Schüler in einer vom Lehrer zuvor vorgegebenen Technik, so schnell wie möglich das Treibgut einzusammeln und in die Eimer zu bringen. Wichtig hierbei ist, dass immer nur 1 Gegenstand transportiert werden darf.

Variante:
Es könnten auch 2 oder mehr Mannschaften gebildet werden, die gegeneinander spielen. Sieger ist die Mannschaft, die das meiste Treibgut eingesammelt hat.

18 Walfänger

10 Min.

Materialien:
Pfeife, ggf. 1 Schwimmbrett

Wassertiefe:
tief

Technik:
Brustschwimmen, Kraulschwimmen

Durchführung:
Ein Kind übernimmt die Rolle des Walfisches, die restlichen Kinder sind die Walfänger. Während die Walfänger am Beckenrand sitzen, geht der Walfisch ins Wasser und schwimmt los. Der Walfisch bekommt ein paar Metern Vorsprung, bevor der Lehrer das Kommando für die Walfänger gibt. Diese gleiten ins Wasser und versuchen nun, den Walfisch durch Anschlagen zu fangen. Das Kind, das den Walfisch als Erstes berührt und damit gefangen hat, übernimmt in der nächsten Runde die Rolle als Walfisch.

Varianten:
- Je nach Gruppengröße können auch mehrere Kinder als Walfische bestimmt werden. Um das Spiel noch etwas schwieriger zu gestalten, kann es einen Bereich im Becken geben, z. B. in einer Ecke des Schwimmbeckens, in der die Walfische nicht gefangen werden können. Hier darf sich allerdings immer nur ein Walfisch aufhalten.
- Der Walfisch kann als Hilfsmittel 1 Schwimmbrett bekommen, so kann er schneller auf dem Wasser gleiten. Wahlweise können auch Schwimmflossen benutzt werden.

19 Piraten-Attacke

10 Min.

Materialien:
Schwimmmatten oder Luftmatratzen

Wassertiefe:
tief

Technik:
Brustschwimmen

Durchführung:
Jeweils 4 Kinder (oder je nach Schülerzahl auch mehr Kinder) teilen sich eine Schwimmmatte als Piraten-Boot. Ein Kind sitzt als Kapitän im Boot, die anderen bilden den Motor, indem sie das Boot mit Schwimmbewegungen antreiben und lenken. Gegenseitig versuchen die Piratenkapitäne nun, sich von den Booten zu schubsen, um als neuer Kapitän auf ein geentertes Boot zu klettern. Gelingt dies, müssen alle an die Ausgangsposition zurück und eine neue Besatzung wird festgelegt.

Tipps:
Durch das Erobern ist das Wasser aufgewühlt und es muss gewährleistet sein, dass alle Kinder gut schwimmen können.
Je nach Gruppe kann es wichtig sein, genaue Regeln festzulegen, z. B.: Wenn ein Mann über Bord gegangen ist, darf er nicht untergetaucht werden.

20 Synchronschwimmen — 10 Min.

Materialien:
keines

Wassertiefe:
tief

Technik:
Brustschwimmen, Kraulschwimmen, Rückenschwimmen

Durchführung:
4 Kinder bilden eine Gruppe und suchen sich eine Schwimmtechnik aus. Sie probieren, sich nun synchron im Wasser zu bewegen. Hierbei können sie sich z. B. an den Händen fassen und sich nur mit den Beinen im Wasser bewegen, der Vordermann kann an den Füßen gefasst werden und die Arm- und Beinbewegung werden aufgeteilt. Die Schüler werden beim Üben sicherlich viele Ideen haben und diese ausprobieren.

Variante:
Die gesamte Gruppe schwimmt in einer Linie oder einer V-Formation.

21 Eimer leeren — 10 Min.

Materialien:
1 Eimer und 1 Becher pro Gruppe, Pfeife

Wassertiefe:
tief

Technik:
Brustschwimmen, Kraulschwimmen, Rückenschwimmen

Durchführung:
Es werden 2 Gruppen gebildet. Für jede Gruppe steht am Beckenrand 1 mit Wasser gefüllter Eimer und 1 leerer Becher. Auf ein Kommando durch den Lehrer schwimmen jeweils die ersten Schwimmer der Gruppen los, bis sie bei ihrem Eimer ankommen. Mit dem Becher dürfen sie 1-mal Wasser aus dem Eimer herausschöpfen. Anschließend schwimmen sie zurück zu ihrer Gruppe und das nächste Kind ist an der Reihe. Die Gruppe, deren Eimer als Erstes geleert ist, gewinnt das Spiel.

22 T-Shirt-Flossen-Staffel 15 Min.

Materialien:
passende Schwimmflossen für jedes Kind, 1 T-Shirt und 1 Eimer für jede Gruppe, Pfeife

Wassertiefe:
tief

Technik:
Kraulschwimmen, Rückenschwimmen

Durchführung:
Alle Kinder tragen ihre Schwimmflossen. Zunächst werden gleich große Gruppen gebildet, es sollten jedoch nicht mehr als 5 Kinder in einer Gruppe sein. Das erste Kind aus jeder Gruppe zieht ein T-Shirt an. Auf ein Kommando durch den Lehrer schwimmt es auf die gegenüberliegende Seite. Dort steht 1 Eimer bereit. Beim Eimer angekommen muss das Kind das T-Shirt ausziehen und über dem Eimer auswringen. Mit dem T-Shirt in der Hand schwimmt es zurück und übergibt das T-Shirt dem nächsten Staffelteilnehmer, der es schnell anzieht und zum Eimer schwimmt. Die Mannschaft, die als Erstes den Eimer zum Überlaufen bringt, gewinnt das Spiel.

23 Würfelschwimmen — 15 Min.

Materialien:
1 Würfel pro Schwimmbahn, Schwimmbretter als Unterlage, Auftragskärtchen (siehe Kopiervorlage auf S. 36, größer kopieren, ausschneiden und laminieren)

Wassertiefe:
tief

Technik:
Brustschwimmen, Rückenschwimmen, Kraulschwimmen

Durchführung:
An jeder Bahn liegt 1 Würfel sowie 1 Auftragskarte auf 1 Schwimmbrett. Die Kinder verteilen sich auf die Bahnen und das Spiel geht los. Jedes Kind würfelt nun reihum und führt den Auftrag auf der Auftragskarte gemäß seiner Augenzahl aus. Anschließend würfelt es erneut und führt den nächsten Auftrag gemäß der Augenzahl aus.

Varianten:
- Die Bahnen können auch abgesteckt werden und je nach Schwimmbecken ggf. verkleinert werden.
- Alternativ könnten auf den verschiedenen Bahnen unterschiedliche Karten liegen, sodass die Kinder selber wählen dürfen, welche Übungsreihe sie durchführen möchten.

Tipps:
Da an jeder Bahn die gleichen Auftragskarten liegen, sollte der Lehrer sich im Vorfeld der Stunde genau überlegen, welches Stundenziel er verfolgen will, und die Auftragskarten entsprechend auswählen.
Mit diesem Spiel können die verschiedenen Schwimmtechniken auf vielfältige Art und Weise geübt werden. Darüber hinaus kann es u. a. auch zum Aufwärmen dienen.
Um die Schüler einzubinden, können sie sich selbst Auftragskarten ausdenken und anfertigen.
Es bietet sich an, die Auftragskärtchen nach dem Kopieren zu laminieren.

Auftragskärtchen

Würfelschwimmen
Würfele 1-mal und schwimme 1 Bahn entsprechend deiner Augenzahl.

⚀	Brust	⚃	Brust
⚁	Rücken	⚄	Rücken
⚂	Kraul	⚅	Kraul

Würfelschwimmen
Würfele 1-mal und schwimme 1 Bahn entsprechend deiner Augenzahl.

⚀	Rückenlage	⚃	Bauchlage
⚁	Rückenlage	⚄	Bauchlage
⚂	Rückenlage	⚅	Bauchlage

Würfelschwimmen
Würfele 1-mal und schwimme so viele Bahnen, wie du gewürfelt hast.

⚀	1 Bahn	⚃	4 Bahnen
⚁	2 Bahnen	⚄	5 Bahnen
⚂	3 Bahnen	⚅	6 Bahnen

Würfelschwimmen
Würfele 1-mal und schwimme je:

⚀	1 Bahn Rücken	⚃	2 Bahnen Rücken
⚁	2 Bahnen Brust	⚄	1 Bahn Brust
⚂	1 Bahn Kraul	⚅	2 Bahnen Joker

24 Feuer – Wasser – Sonne | 10 Min.

Materialien:
keines

Wassertiefe:
tief

Technik:
Brustschwimmen, Rückenschwimmen, Kraulschwimmen

Durchführung:
Alle Kinder befinden sich im Wasser auf einer Seite des Beckens. Es gibt 3 verschiedene Kommandos, auf die die Schüler reagieren sollen. Ziel ist es, so schnell wie möglich auf die andere Seite des Beckenrandes zu gelangen. Wer zuerst dort ankommt, darf das nächste Kommando übernehmen.

Folgende Kommandos gibt es:
- Feuer: Kraulschwimmen
- Wasser: Brustschwimmen
- Sonne: Rückenschwimmen

25 Tandemkraulen

5 Min.

Materialien:
1 Schwimmbrett pro Paar

Wassertiefe:
tief

Technik:
Kraulschwimmen

Durchführung:
Je 2 Kinder bilden ein Team und bekommen 1 Schwimmbrett. Sie schwimmen nebeneinander, das Schwimmbrett liegt zwischen ihnen. Nun legen beide ihren mittleren Arm auf das Schwimmbrett und versuchen, jeweils mit dem äußeren Arm die Kraulbewegung zu machen. Die Beine dürfen unterstützend mitwirken.

Tipp:
Dieses Spiel erfordert eine gute Absprache und die Umsetzung wird nicht bei allen Paaren sofort gelingen, aber der Spaßfaktor ist groß, sobald die Kinder das Tandemkraulen beherrschen.

26 3er-Nudel

5 Min.

Materialien:
1 Schwimmnudel für 3 Schüler, Stoppuhr

Wassertiefe:
tief

Technik:
Kraulschwimmen, Rückenschwimmen (Beinbewegung)

Durchführung:
Je 3 Kinder gehen gemeinsam ins Wasser und halten sich nebeneinander an 1 Schwimmnudel fest. Gemeinsam sollen sie nun Bahnen mit verschiedenen Aufgaben schwimmen:

- Alle 3 Kinder machen den Kraulbeinschlag.
- Nur die äußeren beiden Kinder machen den Kraulbeinschlag, das mittlere Kind lässt sich ziehen.
- Nur die äußeren beiden Kinder machen den Kraulbeinschlag, das mittlere Kind macht den Rückenbeinschlag.
- Die beiden äußeren Kinder machen den Rückenbeinschlag, das mittlere Kind macht den Kraulbeinschlag.

Die Zeit je Bahn wird gestoppt. Anschließend kann die Gruppe versuchen, ihr Ergebnis zu verbessern.

Variante:
Dieses Spiel kann als Wettkampf gestaltet werden: Die Gruppe, die zuerst in der vorgegebenen Fortbewegungsart ans Ziel kommt, hat gewonnen.

Tipp:
Zum Stoppen der Zeit kann der Lehrer Helferkinder hinzuziehen.

27 Haifischschwimmen 10 Min.

Materialien:
1 Schwimmbrett pro Gruppe, Pfeife

Wassertiefe:
tief

Technik:
Brustschwimmen, Kraulschwimmen, Rückenschwimmen

Durchführung:
Es werden 2 Mannschaften gebildet, von denen jede 1 Schwimmbrett bekommt. Auf ein Kommando durch den Lehrer klemmt sich das erste Kind jeder Mannschaft das Schwimmbrett zwischen die Beine und wird so zum Haifisch. Nun schwimmt es in einer vorher festgelegten Schwimmart los. Am gegenüberliegenden Beckenrand angekommen schlägt der Haifisch an, schwimmt zu seiner Mannschaft zurück und übergibt das Schwimmbrett an das nächste Kind. Sieger ist die schnellste Mannschaft.

4 Spiele zum Springen und Tauchen

Springen hat im Schwimmunterricht der Grundschule einen besonderen Stellenwert, da es zu Wagemut anregt, besonders bei eher ängstlichen Kindern, die nach ersten positiven Sprüngen mutiger werden und Ängste abbauen. Gleichzeitig bietet das Springen im Schwimmunterricht vielfältige Möglichkeiten zur Selbstbeschäftigung sowie zur Erprobung verschiedener Bewegungen für geübtere Schwimmer.

Da die Unfallgefahr gerade beim Springen sehr hoch ist, gilt es, besondere Regeln zu beachten:

- Sprünge ins Nichtschwimmerbecken ab mindestens 1 m Tiefe sollten stets fußwärts ausgeführt werden.
- Die Kinder müssen auf eine freie Sprungfläche achten.
- Sprünge sollten aus dem Stand erfolgen, ein Anlaufen erhöht die Rutschgefahr.
- Sprünge ins Schwimmerbecken sollten erst erfolgen, sobald die Kinder ihre Augen unter Wasser öffnen können.

Voraussetzung für das **Tauchen** im Schwimmunterricht ist das Beherrschen des Gleitens und Schwebens unter Wasser. Zudem müssen die Kinder in der Lage sein, in das Wasser auszuatmen sowie die Augen unter Wasser zu öffnen.

28 Fischer, Fischer, wie tief ist das Wasser? — 10 Min.

Materialien:
keines

Wassertiefe:
schultertief

Durchführung:
Am Beckenrand steht 1 Kind, der Fischer, den anderen Kindern gegenüber. Die Kinder rufen dem Fischer zu: „Fischer, Fischer, wie tief ist das Wasser?“
Der Fischer nennt eine Wassertiefe, z. B. 5 m, 300 cm etc.
Die Kinder fragen: „Wie kommen wir hinüber?“

Der Fischer überlegt sich eine Fortbewegungsart, z. B. hüpfend auf 1 Bein, hüpfend auf 2 Beinen, tauchend, springend wie ein Delfin, tauchend wie ein Muschelsucher etc. und ruft diese den Kindern zu.

Nun versuchen die Kinder in der genannten Fortbewegungsart auf die gegenüberliegende Beckenrandseite zu gelangen, ohne dabei vom Fischer gefangen zu werden. Wer gefangen wird, hilft in der nächsten Runde dem Fischer.

29 Brückenfangen — 10 Min.

Materialien:
keines

Wassertiefe:
schultertief

Durchführung:
Im Nichtschwimmerbecken wird ein Bereich für das Spiel festgelegt. Es gibt 2 Fänger, die versuchen, ihre Mitspieler zu fangen. Wer gefangen ist, muss sich breitbeinig (wie eine Brücke) hinstellen. Befreit werden kann eine „Brücke“ von den übrigen Kindern, die noch nicht gefangen wurden, indem diese durch die gegrätschten Beine tauchen.

30 Höhlenfische

10 Min.

Materialien:
Pfeife

Wassertiefe:
schultertief

Durchführung:
Es werden 2 Kreise gebildet, 1 äußerer und 1 innerer Kreis. Der innere Kreis ist anzahlmäßig kleiner als der äußere Kreis. Die Kinder im inneren Kreis fassen sich an den Händen und bewegen sich im Seitgalopp in eine Richtung. Die Kinder im äußeren Kreis hüpfen in entgegengesetzter Richtung mit Schlusssprüngen um den inneren Kreis. Auf ein Kommando des Lehrers müssen beide Kreise stehenbleiben. Die Kinder des Innenkreises grätschen ihre Beine und bilden so Höhlen. Die Kinder des Außenkreises versuchen nun, als Fische durch eine der Höhlen zu tauchen. Wurde eine Höhle durchtaucht, schließt sich der Eingang. Fische, die keine Höhle gefunden haben, bilden nun mit den Höhlen des ehemals inneren Kreises den neuen Außenkreis.

31 Dominosprünge

10 Min.

Materialien:
keines

Wassertiefe:
tief

Durchführung:
Alle Kinder stellen sich am Beckenrand des Schwimmerbereiches in einer langen Reihe nebeneinander auf. Der Lehrer gibt nun verschiedene Anweisungen, wie die Kinder in das Wasser springen sollen. Wichtig ist hierbei, dass das erste Kind der Reihe beginnt und der zweite Schüler sich erst in das Wasser fallen lassen darf, wenn der Vordermann ins Wasser eintaucht. Hierdurch entsteht der Dominosteineffekt.

Mögliche Sprungvarianten:
- Aus dem Sitzen mit gestreckten Armen ins Wasser gleiten lassen.
- Aus der Hocke mit gestreckten Armen ins Wasser gleiten lassen.
- Aus der Hocke Kopf voran, wie ein Päckchen, ins Wasser plumpsen.
- Mit leicht gebeugten Beinen, Kopf voran, ins Wasser gleiten lassen.
- Aus dem Stand fußwärts ins Wasser springen.
- Aus dem Stand per Kopfsprung ins Wasser springen.
- Aus dem Stand mit dem Rücken zum Wasser fußwärts ins Wasser springen.
- Die Gruppe bildet eine Kette und jeder lässt sich vom vorherigen Springer mit ins Wasser ziehen. Dies kann aus dem Sitzen sowie aus dem Stehen erfolgen.
  Besondere Regel: Nach dem Sprung ins Wasser sofort die Hände loslassen!

Tipp:
Die Kinder können auch eigene Ideen mit einbringen, indem sie ihrer Kreativität freien Lauf lassen und neue Bewegungsmuster finden, die sie der Gruppe vorstellen können.

32 Schatzsuche

10 Min.

Materialien:
2 Eimer, Gegenstände, die im Wasser sinken, z. B. Tauchringe, Tauchstäbe etc., Pfeife

Wassertiefe:
tief

Durchführung:
Am Beckenrand werden 2 Eimer aufgestellt, die sogenannten Schatztruhen. Ins Wasser werden Gegenstände geworfen, die zum Boden sinken. Auf ein Kommando durch den Lehrer versuchen die Schüler, so schnell wie möglich die Schätze zu bergen und in die Eimer zu bringen. Wichtig hierbei ist, dass immer nur 1 Schatz transportiert werden darf.

Variante:
Es können 2 Mannschaften gebildet werden, die gegeneinander spielen. Sieger ist die Mannschaft, die die meisten Schätze aus dem Wasser hochgetaucht hat.

33 Schatztruhenschieben

10 Min.

Materialien:
1 5-kg-Ring pro Gruppe bzw. pro Team (oder ein anderer schwerer Tauchgegenstand)

Wassertiefe:
tief

Durchführung:
Die Schwimmgruppe wird in 2 gleich große Gruppen eingeteilt. 1 5-kg-Ring wird am Startpunkt auf den Beckenboden gelegt. Die Kinder versuchen, nacheinander abzutauchen und den Ring so weit wie möglich unter Wasser vorwärtszuschieben. So wird das Streckentauchen geschult. Taucht das erste Kind auf, darf das zweite Kind aus der Gruppe abtauchen und den Ring schieben. Gewonnen hat die Mannschaft, bei der der Ring als Erstes an der anderen Beckenseite angelangt ist.

Variante:
Es können immer 2 Kinder gemeinsam einen Ring schieben. Hierbei ist Teamgeist und Absprache gefragt.

34 Kopfsprungstaffel — 5 Min.

Materialien:
keines

Wassertiefe:
tief

Durchführung:
Es werden Gruppen mit maximal 6 Kindern gebildet. Am Beckenrand im Schwimmerbecken bzw. am Startblock findet die Aufstellung statt. Das erste Kind der Gruppe springt per Kopfsprung ins Wasser. Sobald das Kind wieder aufgetaucht ist, darf das zweite Kind springen. Ziel ist es, bis zur gegenüberliegenden Beckenrandseite zu schwimmen und sich dort außerhalb des Beckens wieder als Mannschaft aufzustellen. Die Gruppe, die dies als Erste schafft, gewinnt das Spiel.

Variante:
Das erste Kind springt mit einem Kopfsprung ins Wasser und schwimmt auf die gegenüberliegende Beckenrandseite. Das zweite Kind darf erst starten, sobald das erste Kind am gegenüberliegenden Beckenrand angeschlagen hat.

35 Tauchringstaffel

10 Min.

Materialien:
1 Tauchring pro Gruppe, Pfeife

Wassertiefe:
tief

Durchführung:
Es werden gleich große Gruppen gebildet, 1 Gruppe sollte maximal aus 4 Kindern bestehen. Für jede Gruppe wird am Ende der Schwimmbahn 1 Tauchring ins tiefe Wasser gelegt. Auf ein Startkommando durch den Lehrer schwimmt das erste Kind jeder Gruppe zum Tauchring. Beim Ring angekommen muss es abtauchen, den Ring greifen und über die Wasseroberfläche halten, sodass jeder den Tauchring sehen kann. Sobald der Ring zu sehen ist, darf der nächste der Gruppe starten und der Ring wird vom ersten Kind wieder ins Wasser gelegt. Gewonnen hat die Mannschaft, deren Mitglieder als Erstes alle den Ring nach oben gehalten haben.

36 Taucherglocke

10 Min.

Materialien:
viele Tischtennisbälle, 2 Eimer mit Gewichten (z. B. Tauchring), Schnüre zum Befestigen

Wassertiefe:
tief

Durchführung:
Es werden 2 Gruppen gebildet. Im Becken befinden sich die beiden umgedrehten Eimer, an deren Henkel Gewichte befestigt sind. Hierdurch bleiben die Eimer bodennah im Wasser und bilden eine Taucherglocke. Jeder Eimer wird 1 Gruppe zugeordnet. Im Wasser werden alle verfügbaren Tischtennisbälle verteilt. Pro Gruppe darf jeweils 1 Schüler vom Startblock springen, zu 1 Tischtennisball schwimmen, diesen nehmen und dann tauchend in die Taucherglocke legen. Durch den Auftrieb der Tischtennisbälle bleiben diese in dem umgedrehten Eimer. Sind alle Bälle eingesammelt, wird gezählt, welche Gruppe am erfolgreichsten war.

37 Sprungartisten

10 Min.

Materialien:
Schwimmnudeln

Wassertiefe:
tief

Durchführung:
Maximal 5 Kinder bilden 1 Gruppe und stellen sich am Startblock auf. Das erste Kind in jeder Gruppe denkt sich einen Sprung aus und macht diesen vor. Die weiteren Gruppenmitglieder versuchen nun, den Sprung nachzumachen.

Mögliche Sprungformen:
- fußwärts als Kerze springen
- halbe Drehung
- ganze Drehung
- rückwärts ins Wasser springen
- in der Luft anhocken
- Bombe
- Kopfsprung
- in der Luft die Beine grätschen
- mit den Händen klatschen
- synchron springen
- gemeinsam vom Startblock springen und dabei an den Händen festhalten
- über eine im Wasser liegende Schwimmnudel springen

Variante:
Es kann der beste, weiteste, schönste Sprung oder der Sprung, bei dem am meisten oder am wenigsten Wasser spritzt, gekürt werden.

Tipp:
Die Regeln des Springens sollten vorher unbedingt mit den Schülern durchgesprochen werden.

38 Taucherstaffel 1 — 5 Min.

Materialien:
keines

Wassertiefe:
schultertief

Durchführung:
1 Gruppe von maximal 8 Kindern steht mit gegrätschten Beinen hintereinander im Wasser. Der letzte jeder Gruppe taucht nun durch die gegrätschten Beine und stellt sich vorne wieder an. Gewonnen hat die Gruppe, bei der zuerst alle Kinder einmal getaucht sind.

Variante:
Je nach Tauchfähigkeit kann der Abstand der Kinder variiert werden.

39 Taucherstaffel 2 — 10 Min.

Materialien:
Tauchreifen mit Gewichten

Wassertiefe:
tief

Durchführung:
Es werden gleich große Gruppen von ca. 4 bis 5 Kindern gebildet. Die Tauchreifen werden über eine festgelegte Strecke auf 2 Bahnen mit Gewichten verteilt. Ziel ist es, per Kopfsprung ins Wasser zu springen und durch alle Reifen zu tauchen. Taucht der erste Schüler wieder auf, darf das zweite Kind der Gruppe starten. Sieger ist die Gruppe, deren Mitglieder als Erstes alle erfolgreich durch die Tauchreifen getaucht sind.

Tipps:
Zu Beginn sollten die Abstände der Reifen so gewählt werden, dass alle Kinder es schaffen, durch alle Reifen zu tauchen. Nach und nach kann der Abstand variiert werden. Kinder, die es nicht schaffen, bis zum letzten Reifen zu tauchen, können zwischendurch auftauchen, Luft holen und weitertauchen. Wichtig ist nur, dass der nächste Taucher erst beginnt, wenn der letzte Reifen durchtaucht wurde.

40 Streckentauchen

10 Min.

Materialien:
Hütchen, ggf. Stift, Papier und Schreibunterlage

Wassertiefe:
tief

Durchführung:
Es werden 2 Mannschaften gebildet, die sich hinter den Startblöcken aufstellen. Am seitlichen Beckenrand stehen im Abstand von 1 oder 2 m Hütchen oder andere Markierungen, die die getauchten Meter darstellen. Die Kinder springen nun nacheinander ins Wasser und versuchen, so weit wie möglich zu tauchen. Die Weitenmeter werden mithilfe der am Rand stehenden Hütchen zusammengezählt und eventuell notiert, sodass später eine Ergebnisauswertung erfolgen kann.

5 Spiele zur Ausdauerschulung

Im Schwimmunterricht der Grundschule kommt dem Ausdauerschwimmen eine wichtige Rolle zu. Allerdings ist es hier besonders wichtig, den Schülern motivierende Aufgaben und Spiele anzubieten, um den Spaß am Ausdauerschwimmen zu fördern, denn nichts ist langweiliger als einfaches Bahnenschwimmen. Abwechslungsreiche und motivierende Spiele sind daher für die Ausdauerschulung besonders geeignet.

Je nach Schwimmbadgröße ist es gerade bei Grundschulkindern wichtig, die Länge der Bahnen angemessen zu wählen. So kann beispielsweise der Schwimmerbereich auch quer genutzt werden.

Gerade zu Beginn scheint es für viele Schüler ein großes Hindernis zu sein, eine zunächst neue und ungewohnte Leistung im Ausdauerschwimmen zu erbringen. Ist diese Aufgabe einmal geschafft, steigert sich die Motivation automatisch und die Lust, sich immer weiter zu verbessern und immer bessere Leistungen zu erbringen, ist geweckt.

Das Ausdauerschwimmen lässt sich sehr gut und einfach trainieren; Erfolge sind für die Kinder sehr schnell sichtbar. Wenn das Ausdauerschwimmen noch einen spielerischen Charakter bekommt, merken die Schüler kaum noch, wie sie stetig ihre Ausdauer schulen und so auch verbessern.

41 Kartenschwimmen 15 Min.

Materialien:
2-mal laminierte Karten mit den Zahlen von 1 bis 10 für jede Gruppe (siehe Kopiervorlage auf S. 54, größer kopieren, ausschneiden und laminieren)

Wassertiefe:
tief

Durchführung:
Es werden 2 Mannschaften gebildet. Am Ende einer festgelegten Strecke liegen für jede Mannschaft die Nummernkarten von 1 bis 10 verdeckt sowie durcheinander außerhalb des Wassers auf dem Beckenrand. Jeweils 1 Schüler schwimmt zu den Karten und dreht 1 Karte um. Zunächst muss die Zahl 1 gefunden werden. Findet er sie nicht beim ersten Versuch, schwimmt er mit leeren Händen zu seiner Gruppe zurück. Der zweite Schüler startet nun und versucht ebenfalls, die Zahl 1 zu finden. Hat er sie gefunden, darf er sie mit zu seiner Gruppe nehmen. Nun muss die Karte mit der Zahl 2 gefunden werden. Es gewinnt die Gruppe, die als Erstes alle 10 Karten zum Startpunkt gebracht hat. Wichtig ist hierbei, dass die Schüler immer nur 1 Karte umdrehen und nur 1 Karte mitbringen.

Tipps:
Um das Spiel zu vereinfachen, können die Kinder sich gegenseitig Hinweise zum taktischen Vorgehen geben, z. B. können sie sich gegenseitig Tipps geben, welche Karte sie als Letztes aufgedeckt haben und an welcher Stelle diese liegt.
Es bietet sich an, die Zahlenkarten nach dem Kopieren zu laminieren.

Zahlenkarten

1	6
2	7
3	8
4	9
5	10

42 Tischtennisballtauchen — 10 Min.

Materialien:
2 Eimer mit Gewichten, Schnüre zum Befestigen, Tischtennisbälle, Stoppuhr

Wassertiefe:
tief

Durchführung:
2 Eimer werden mit Gewichten etwas entfernt voneinander im Becken versenkt. Unter die Eimer werden gleich viele Tischtennisbälle verteilt. Jeder Mannschaft wird 1 Eimer zugewiesen. Die Schüler versuchen nun, 1 Tischtennisball aus ihrem Eimer herauszutauchen und diesen unter den Eimer der anderen Mannschaft zu bringen. Es darf immer nur 1 Ball transportiert werden. Nach einer vorher festgelegten Zeit wird gestoppt und die Mannschaft mit den wenigsten Bällen unter ihrem Eimer gewinnt.

Tipp:
Es bietet sich zu Beginn an, nur 3 bis 5 Min. zu spielen, damit die Schüler sich an das Spiel gewöhnen. Danach kann die Zeit von Mal zu Mal gesteigert werden.

43 Rettungsinsel — 10 Min.

Materialien:
2 bis 3 Schwimmmatten

Wassertiefe:
tief

Durchführung:
Im Wasser befinden sich 2 bis 3 Schwimmmatten, die als Rettungsinseln dienen. 2 Schüler werden als Fänger bestimmt. Sie versuchen nun, die anderen Schüler zu fangen. Gefangen ist ein Schüler, sobald ein Fänger ihn berührt hat. Auf den Rettungsinseln darf man sich ausruhen, allerdings dürfen sich hier nicht mehr als 3 Kinder gleichzeitig aufhalten. Wer gefangen wurde, wird ebenfalls zum Fänger.

44 Abschleppdienst — 5–10 Min.

Materialien:
Stoppuhr

Wassertiefe:
tief

Durchführung:
Je 2 Schüler bilden ein Team. Der erste Schüler beginnt, den zweiten Schüler im Schleppgriff abzuschleppen. Der Abschleppdienst fasst den abzuschleppenden Schüler unter den Armen und schleppt ihn in Rückenlage ab, indem er die Schwimmbewegungen nur mit den Beinen durchführt. Kann das abschleppende Kind nicht mehr, tauschen die beiden Kinder ihre Rollen. Das Team, das in einer zuvor festgelegten Zeit die weiteste Strecke zurückgelegt hat, gewinnt das Spiel.

45 Fülle den Eimer — 10 Min.

Materialien:
2 Eimer, 2 Becher, Stoppuhr, ggf. Schwimmflossen pro Schüler

Wassertiefe:
tief

Durchführung:
Am Start- und Endpunkt einer Schwimmbahn werden je 1 Eimer und 1 Becher aufgestellt. Die Schüler sollen nun jeweils Bahnen schwimmen. Kommen sie am Ende der Bahn an, dürfen sie einen Becher mit Wasser füllen und das Wasser in den Eimer kippen. Sind beide Eimer gefüllt, ist das Ausdauerschwimmen beendet. Die Zeit kann gestoppt werden, um beim nächsten Mal die Motivation zu erhöhen, eine bessere Zeit zu erzielen.

Variante:
Die Schüler können auch mit Schwimmflossen schwimmen.

46 Schwimmer ärgere dich nicht

15 Min.

Materialien:
je 4 Spielfiguren in den 4 Grundfarben, 1 Würfel, 1 Spielplan (siehe Kopiervorlage auf S. 59, größer kopieren, ausschneiden und laminieren), Pfeife

Wassertiefe:
tief

Durchführung:
Es werden 4 Gruppen gebildet. Jeder Gruppe werden 4 Spielfiguren in derselben Farbe zugeordnet. Der Spielplan mit den Figuren und dem Würfel liegen am Beckenrand. Nach einem Startsignal durch den Lehrer schwimmen alle Kinder gleichzeitig los, es sollen 2 Querbahnen geschwommen werden. Sobald ein Schüler am Spielplan angekommen ist, darf er würfeln und eine Spielfigur seiner Gruppe vorziehen. Wenn er fertig ist, darf das nächste Kind, das am Beckenrand gewartet hat, würfeln. Sobald ein Schüler gewürfelt und gezogen hat, schwimmt er wieder 2 Querbahnen, um danach erneut würfeln zu können.

Es kann zu kurzen Wartepausen beim Spielplan kommen, bis alle Kinder in der Reihenfolge, in der sie den Spielplan erreicht haben, gewürfelt und die Spielfigur gezogen haben.

Varianten:
Je nach Länge der Schwimmstunde können verschiedene Zielvorgaben gegeben werden. Ziel kann sein, nur 1 Spielfigur ins Häuschen zu bringen. Weitere Ziele könnten sein:

- Alle Figuren ins Häuschen bringen.
- Andere Spielfiguren dürfen nicht „rausgeschmissen" werden.
- Spielfiguren, die schon im Häuschen stehen, dürfen nicht übersprungen werden.

Tipp:
Es bietet sich an, den Spielplan nach dem Kopieren zu laminieren.

Spielplan

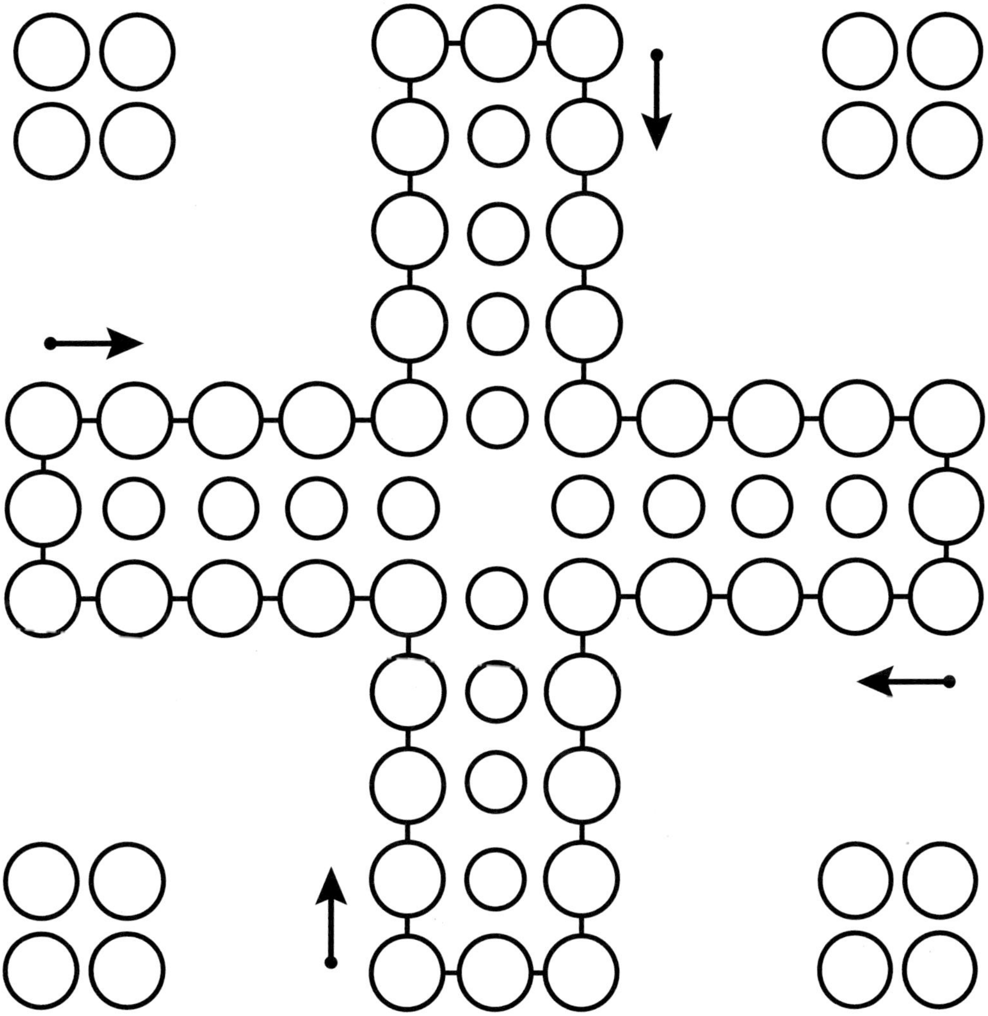

47 Wasseratome — 5 Min.

Materialien:
keines

Wassertiefe:
tief

Durchführung:
Alle Schüler befinden sich im Becken und schwimmen herum. Der Lehrer ruft nach einer gewissen Zeit eine Zahl, z. B. 5. So schnell wie möglich müssen sich nun 5 Kinder zusammenfinden und an den Händen fassen. Anschließend wird frei weiter geschwommen. Eine weitere Zahl wird zugerufen und die Schüler finden sich erneut zusammen.

Variante:
Alternativ können nach dem Zusammenfinden Aufgaben gestellt werden, z. B.: 5 Hände/7 Füße schauen aus dem Wasser, 2 Köpfe tauchen ab etc.

48 Transportschwimmen — 10 Min.

Materialien:
verschiedene Gegenstände pro Gruppe, z. B.: Schwimmbretter, Pullbuoys, Ringe etc., Pfeife

Wassertiefe:
tief

Durchführung:
Für jede Gruppe (maximal 5 Kinder) wird auf der gegenüberliegenden Seite ein Stapel mit der gleichen Anzahl an verschiedenen Gegenständen bereitgelegt. Auf ein Kommando des Lehrers schwimmen nun alle Gruppen gleichzeitig zur anderen Seite, nehmen 1 Gegenstand aus ihrem Stapel und bringen diesen auf die andere Seite. Die Gruppe, die als Erstes alle Gegenstände auf die andere Seite transportiert hat, ist der Sieger.

Variante:
Je nach Beckenlänge können die Gegenstände auch wieder zurücktransportiert werden.

49 Ringfangen — 10 Min.

Materialien:
1 Tauchring pro Schüler, Pfeife

Wassertiefe:
tief

Durchführung:
Jeder Schüler bekommt 1 Tauchring, den er sich auf den Kopf legt. Auf ein Kommando des Lehrers schwimmen alle, den Tauchring auf dem Kopf balancierend, herum. Jeder muss nun versuchen, so viele Tauchringe wie möglich von den Köpfen der anderen Schüler zu sammeln. Gesammelte Tauchringe werden über den Arm geschoben. Sieger ist, wer die meisten Ringe ergattern konnte.

50 Schwimmer und Taucher — 10 Min.

Materialien:
mehrere Tauchringe

Wassertiefe:
tief

Durchführung:
Auf dem Beckenboden liegen mehrere Tauchringe verteilt herum. Es werden 2 bis 3 Fänger bestimmt. Die Fänger versuchen nun, die Mitschüler in einem eingegrenzten Gebiet zu fangen. Gefangen ist ein Schüler, sobald ein Fänger ihn berührt hat. Wer gefangen wird, muss so schnell wie möglich 1 Ring aus dem Wasser hochtauchen, den Tauchring kurz hochhalten und ihn wieder fallen lassen. Anschließend wird der Gefangene zum neuen Fänger.

51 Fuchsjagd

10 Min.

Materialien:
Pfeife, ggf. Stoppuhr

Wassertiefe:
tief

Durchführung:
Alle Kinder stehen nebeneinander am Rand des Schwimmbeckens. 1 Kind, der Fuchs, springt ins Wasser und schwimmt los. Nachdem er ein paar Meter Vorsprung hat, gibt der Lehrer das Kommando. Die anderen Kinder springen ins Wasser und versuchen, den Fuchs zu fangen. Wird der Fuchs durch Berühren gefangen, verlässt der Fuchs das Wasser und der Fänger schwimmt als neuer Fuchs weiter bis er ebenfalls von einem Kind gefangen worden ist. Nun muss auch dieser Fuchs das Wasser verlassen. Das Spiel kann solange gespielt werden, bis nur noch 1 Kind bzw. 1 Fuchs übrig bleibt.

Varianten:
- Das Spiel kann alternativ auch nach einer vorher festgelegten Zeit durch den Lehrer beendet werden.
- Es können auch mehrere Füchse, die gefangen werden müssen, zum Einsatz kommen. Erst wenn alle Füchse gefangen worden sind, beginnt das Spiel wieder von Neuem.

52 Schwimmende Tiger und Löwen

10 Min.

Materialien:
je 1 Bild von einem Tiger und einem Löwen (siehe Kopiervorlage S. 65, größer kopieren, ausschneiden und laminieren) ggf. Schwimmbretter oder Schwimmflossen

Wassertiefe:
tief

Durchführung:
Es werden 2 Gruppen gebildet. Die Kinder der einen Gruppe sind die Löwen, die anderen sind die Tiger. Beide Gruppen befinden sich in der Mitte des Beckens, schauen sich an und halten sich mit Bein- und Paddelbewegungen über Wasser. Wird das Tigerbild vom Lehrer gezeigt, müssen die Tiger die Löwen fangen und die Löwen müssen versuchen, so schnell wie möglich an die andere Beckenseite zu schwimmen. Wird das Löwenbild gezeigt, sind die Löwen die Fänger und die Tiger müssen so schnell wie möglich zum Beckenrand gelangen. Wer gefangen wurde, wechselt zur anderen Gruppe. Nach jedem Durchgang finden sich beide Gruppen wieder in der Mitte des Beckens ein. Gewonnen hat die Gruppe, die am Ende die meisten Mitspieler hat.

Variante:
Die Fortbewegungsmöglichkeit kann vorgegeben werden, sodass z. B. nur Brust- oder Kraulbewegungen gemacht werden dürfen.

Tipps:
Als Hilfsmittel können die schwächeren Schwimmer 1 Schwimmbrett oder Schwimmflossen zur Unterstützung bekommen. So halten sie länger durch und haben auch die Möglichkeit, erfolgreich zu sein.
Es bietet sich an, die Bilder nach dem Kopieren zu laminieren.

Tierbilder

53 Schwimmende Kette — 10 Min.

Materialien:
Stoppuhr, ggf. Schwimmflossen

Wassertiefe:
tief

Durchführung:
Die gesamte Gruppe schwimmt als Kette hintereinander im Becken. Am besten wird auf einer langen Bahn im Kreis geschwommen. Der erste Schwimmer sollte sehr langsam schwimmen, alle anderen Kinder orientieren sich am Tempo des ersten Schwimmers. Der letzte Schwimmer in der Reihe muss nun an der gesamten Kette vorbeischwimmen, um auf die erste Position zu gelangen. Dort gibt er ebenfalls ein möglichst langsames Schwimmtempo vor. Sobald der Schwimmer vorne angelangt ist, startet der letzte Schwimmer in der Kette.

Dieses Spiel kann in der Dauer von Mal zu Mal gesteigert werden. Schaffen die Schüler es, 5, 7, 10 etc. Min. lang ohne Unterbrechung zu schwimmen?

Variante:
Damit die Gruppe nicht zu groß wird, können auch 2 Gruppen gebildet werden, von denen jede auf 1 Bahn schwimmt.

Tipps:
Schwächere Schwimmer können Schwimmflossen benutzen. So ermüden sie nicht so schnell, können aber dennoch am Spiel teilnehmen.
Es ist auch möglich, dass alle Kinder Schwimmflossen bekommen. Anschließend sollte das Spiel aber unbedingt noch einmal ohne Flossen gespielt werden, damit die Kinder einen Unterschied feststellen können.

6 Spiele zu ersten kleinen Rettungsmaßnahmen

Für den Schwimmunterricht der Grundschule ist ein Einblick in kleinere Rettungsmaßnahmen sinnvoll, da besonders die Selbstüberschätzung sowie Muskelkrämpfe große Gefahren für einen Schwimmer darstellen.

Folgende wichtige Aspekte sollten im Vorfeld mit den Schülern besprochen werden:

- Wenn mir kalt ist, verlasse ich das Wasser.
- Wenn ich mich unwohl fühle, verlasse ich das Wasser und gebe dem Lehrer Bescheid.
- Bei Krämpfen in Beckenrandnähe halte ich mich am Rand fest. Befinde ich mich bei Kämpfen jedoch mitten im Wasser, lege ich mich in Rückenlage auf das Wasser.
- Ich mache mich nur in wirklichen Notsituationen bemerkbar, z. B.: Ich bekomme keine Luft mehr; ich schaffe es nicht mehr, an den Rand zu schwimmen; ich habe viel Wasser geschluckt.

Insgesamt lassen sich 2 verschiedene Arten der Fremdrettung unterscheiden: das Ziehen und das Schleppen.

Beim **Ziehen** schwimmt der ziehende Schüler in Brustlage und der zu rettende Schüler hält sich bäuchlings an dessen Schultern fest. Das Ziehen kann auch von 2 Schülern gemeinsam durchgeführt werden.

6 Spiele zu ersten kleinen Rettungsmaßnahmen

Beim **Schleppen** liegen beide Schüler in Rückenlage. Der zu rettende Schüler wird unter den Achseln gefasst und der Retter schwimmt in Rückenlage mit Brustbeinschlag.

Der **Rettungsring** sowie der **Rettungsball** können natürlich auch zum Retten eingesetzt werden. Der Umgang mit diesen Geräten sollte besonders geübt werden, um den Kindern die verschiedenen Rettungsmöglichkeiten zu vermitteln.

Als Vorübungen sollten die Schüler Folgendes üben:

- Brustbeinschlag in Rückenlage, die Hände paddeln seitlich
- als Treibholz ruhig auf dem Wasser liegen
- mit Kleidungsstücken im Wasser schwimmen (vorher darauf hinweisen, dass die Kinder Kleidung zum Schwimmunterricht mitbringen sollen)
- sich im Wasser entkleiden (vorher darauf hinweisen, dass die Kinder Kleidung zum Schwimmunterricht mitbringen sollen)

54 Abschlepp-Staffel

10 Min.

Materialien:
keines

Wassertiefe:
tief

Durchführung:
Die Schüler werden in 4er-Gruppen aufgeteilt. Der erste Schwimmer steht am Startblock, die 3 anderen Schwimmer stehen auf der gegenüberliegenden Seite. Mit einem Kopfsprung springt der erste Schwimmer ins Wasser und schwimmt 1 Bahn zu der gegenüberliegenden Seite. Dort geht der zweite Schüler ins Wasser, der erste Schüler nimmt den zweiten Schüler nun in den Achselschleppgriff und schwimmt mit ihm bis zum Startpunkt zurück. Nun schwimmt der „gerettete" Schüler zurück zu seiner Gruppe und „rettet" das dritte Kind etc.

Variante:
Dieses Spiel kann auch als Staffel gespielt werden, oder auch als einfache Übung dienen, um den Schleppgriff zu üben.

Tipp:
Zuvor sollten die Schüler das Abschleppen bzw. den Abschleppgriff gut üben und das Abschleppen sicher beherrschen.

55 Kommando-Schwimmen — 10 Min.

Materialien:
keines

Wassertiefe:
tief

Durchführung:
Alle Schüler befinden sich im Wasser. Auf ein Kommando des Lehrers führen alle Schüler die folgenden unterschiedlichen Übungen aus:

- Schwimmen: Alle schwimmen für sich, die Schüler dürfen sich dabei nicht berühren.
- Abschleppen: Die Schüler finden sich zu Paaren zusammen und ein Partner wird im Achselschleppgriff abgeschleppt.
- Treibholz: Alle Schüler legen sich in Rückenlage ruhig aufs Wasser.
- Abtauchen: Alle Schüler tauchen auf den Grund des Beckens ab.
- Ziehen: Die Schüler finden sich zu Paaren zusammen und ein Partner wird im Ziehgriff abgeschleppt.

56 Pfeilspiel — 10 Min.

Materialien:
keines

Wassertiefe:
schultertief

Durchführung:
Die Schüler werden in 2 gleich große Gruppen eingeteilt und stehen sich in 2 Reihen gegenüber. Der erste Schüler legt sich in Rückenlage gestreckt aufs Wasser. Von den Mitschülern wird er nun durch vorsichtiges Ziehen an den Armen und Beinen nach hinten weitergegeben, um ihn am Ende der Reihe wie einen Pfeil so weit wie möglich abzuschießen. Anschließend stellt sich der Schüler ans Ende der Reihe und der erste Schüler in der Reihe wird nach hinten weitergegeben.

57 Rettet mich! 10 Min.

Materialien:
Schwimmmatte

Wassertiefe:
tief

Durchführung:
Alle Schüler befinden sich im Wasser. Der Lehrer teilt ihnen mit, dass sie in dieser Übung Delfine sind. 1 Kind sitzt in seinem Boot (Schwimmmatte) im Wasser, fällt hinunter und ruft: „Rettet mich!" Die Delfine beobachten dies und versuchen nun, ohne Zuhilfenahme der Hände das hinuntergefallene Kind an den Beckenrand zu transportieren.

58 Wilde Floßfahrt 10 Min.

Materialien:
2 Becher, 2 Eimer, Stoppuhr, ggf. Schwimmflossen oder Schwimmbretter

Wassertiefe:
tief

Durchführung:
Es werden 2 Mannschaften gebildet. In jeder Mannschaft wird 1 Mitspieler bestimmt, der sich als Floß auf den Rücken legt. Auf den Bauch des Floßes wird 1 mit Wasser gefüllter Becher gestellt. Auf der gegenüberliegenden Seite des Beckens steht ein Eimer. Durch vorsichtiges Schieben und Ziehen versuchen 2 der Gruppenmitglieder nun, das Floß bis zu ihrem Eimer zu transportieren. Hier wird der Becher ausgekippt und das nächste Floß kann bestimmt werden und auf der Startseite starten. Die Kinder bestimmen selbstständig, wer das neue Floß sein soll, denn eventuell wollen nicht alle Kinder ein Floß sein. Nach einer festgelegten Zeit wird der Wasserstand in den Eimern der beiden Gruppen verglichen.

Tipps:
Sind in der Gruppe viele Schwimmanfänger oder schwächere Schwimmer, bietet es sich an, dass die Kinder zusätzlich Schwimmflossen benutzen.
Das Kind, dass das Floß ist, kann zur Unterstützung ein Schwimmbrett nutzen, an dem es sich festhalten kann. Alternativ kann sich das Kind auch auf das Schwimmbrett legen.

59 Nudelsalat — 10 Min.

Materialien:
1 Schwimmnudel pro Paar, Pfeife, ggf. Schwimmflossen

Wassertiefe:
tief

Durchführung:
Die Schüler finden sich zu Paaren zusammen; jeweils 1 Teammitglied bekommt 1 Schwimmnudel. Alle Kinder mit Schwimmnudel sitzen am Beckenrand. Die Partner ohne Schwimmnudel verteilen sich als Treibholz im Wasser. Sie legen sich auf den Rücken, spreizen die Arme und Beine ab und treiben im Wasser, ohne sich zu bewegen. Auf ein Kommando des Lehrers versuchen nun alle Schüler mit den Schwimmnudeln, so schnell wie möglich ihr Treibholz an das rettende Ufer zu bringen. Hierzu kann die Schwimmnudel als Sitzgelegenheit oder als Abschlepphilfe genutzt werden. Anschließend werden die Rollen getauscht.

Tipps:
Es können alternativ auch Schwimmflossen als Abschlepphilfe genutzt werden. Hierdurch ist der Schüler, der abschleppt, schneller unterwegs und fühlt sich sicherer. Kinder, die ihr Treibholz ans rettende Ufer gebracht haben, können den anderen behilflich sein.

60 Fähre | 10 Min.

Materialien:
ggf. Pfeife

Wassertiefe:
tief

Durchführung:
Die Schüler finden sich zu Paaren zusammen und bilden gemeinsam eine Fähre. Der erste Schüler hängt sich an den Rücken des zweiten Schülers und lässt sich durch das Becken ziehen. Anschließend kann gewechselt werden.

Varianten:
- Dieses Spiel kann auch mit Mannschaften als Wettspiel gespielt werden. Hierzu werden 2 gleich große Mannschaften gebildet. Innerhalb der Mannschaft finden sich immer 2 Schüler zu Paaren zusammen. Auf ein Startsignal des Lehrers beginnt das jeweils erste Paar, auf die gegenüberliegende Seite zu gelangen. Dort angekommen, darf das nächste Paar aus der Mannschaft starten. Sollte eine ungerade Anzahl an Schülern in einer Mannschaft vorkommen, kann ein Schüler auch doppelt schwimmen.
- Folgende weitere Varianten sind möglich:
  - ➢ 2 Kinder ziehen 1 Kind.
  - ➢ 2 Kinder ziehen 2 Kinder.
  - ➢ In Brustlage ziehen.
  - ➢ In Rückenlage ziehen.

61 Klamottenschwimmen — 10 Min.

Materialien:
1 Mütze, 1 T-Shirt, 1 kurze Hose und 1 Paar Socken pro Mannschaft, Pfeife

Wassertiefe:
tief

Durchführung:
Es werden 2 Gruppen gebildet. Die Mitglieder beider Gruppen verteilen sich im Wasser gleichmäßig auf die beiden Beckenränder, um eine Pendelstaffel durchzuführen.
Bei einer Pendelstaffel befinden sich die Kinder einer Teilgruppe gegenüber der zweiten Teilgruppe. So erkennen die Schüler den Rest ihrer Mannschaft und müssen nun jeweils nur eine Strecke bis zur gegenüberliegenden Teilgruppe zurücklegen.
Die Kleidungsstücke (1 Mütze, 1 T-Shirt, 1 kurze Hose und 1 Paar Socken) liegen jeweils an einer Beckenrandseite bereit. Auf ein Startkommando durch den Lehrer beginnt der erste Schüler aus jeder Gruppe nun, sich alle Kleidungsstücke anzuziehen. Vollständig bekleidet schwimmt er nun auf die gegenüberliegende Seite zum zweiten Schwimmer seiner Gruppe. Hier werden die Kleidungsstücke getauscht und weiter geht es zum dritten Schwimmer. Gewinner ist die Gruppe, deren letzter Schwimmer als Erster 1 Bahn in voller Bekleidung geschwommen ist.

62 Abschleppen mit dem Rettungsball | 10 Min.

Materialien:
1 Rettungsball für jede 3er-Gruppe

Wassertiefe:
tief

Durchführung:
Es werden 3er-Gruppen gebildet und jede Gruppe bekommt 1 Rettungsball. Alle Gruppen finden sich am Startpunkt ein. Jeweils 2 Kinder versuchen nun, das dritte Gruppenmitglied, das nicht schwimmen darf, durch Ziehen mit dem Rettungsball abzuschleppen. Ziel ist es, eine vorher festgelegte Strecke als schnellste Gruppe zu überwinden und das abzuschleppende Kind als Erstes ins Ziel zu bringen.
Es sollten so viele Durchgänge gespielt werden, dass alle Kinder einmal abgeschleppt werden können.

Durch dieses Spiel wird der Umgang mit dem Rettungsball geübt, damit dieser in Gefahrensituationen als Rettungsinstrument eingesetzt werden kann.

63 Wirf den Rettungsball — 10 Min.

Materialien:
1 Rettungsball, 3 bis 5 Gymnastikreifen

Wassertiefe:
schultertief

Durchführung:
3 bis 5 Kinder stehen im schultertiefen Wasser verteilt und jedes Kind hält einen Gymnastikreifen vor sich auf das Wasser. Die anderen Kinder stehen am Rand und sollen nun nacheinander versuchen, 1 Rettungsball zielgerichtet in einen der Gymnastikreifen zu werfen. Pro Treffer gibt es 1 Punkt. Gewonnen hat das Kind, das am Ende die meisten Punkte erzielen konnte.

Jeder Werfer hat eine begrenzte Anzahl an Würfen. Um genügend Übungszeit zu bekommen, sollten mindestens 10 Würfe pro Kind möglich sein.

Nach einer gewissen Zeit sollte getauscht werden, sodass die Kinder, die sich zuvor um die Gymnastikringe gekümmert haben, nun auch das zielgerichtete Werfen mit dem Rettungsball üben können.

Variante:
Um das Treffen mit dem Rettungsball zu erschweren, können die Gymnastikreifen weiter vom Beckenrand weg platziert werden, die 3 bis 5 Kinder im Wasser können aber z. B. auch durch sanfte Wellenbewegungen deren Position verändern, sodass sich die Gymnastikringe langsam im Wasser bewegen.

64 Mann über Bord — 10 Min.

Materialien:
1 Rettungsball bzw. 1 Rettungsring und 1 Schwimmmatte pro Gruppe

Wassertiefe:
tief

Durchführung:
Die Kinder werden in Gruppen von 3 bis 5 Kindern aufgeteilt. Gemeinsam stechen sie mit ihrem Boot (Schwimmmatte) in See. Jedes Boot ist mit 1 Rettungsring bzw. Rettungsball ausgestattet. Spielerisch soll nun aus jeder Gruppe ein vorher bestimmtes Kind „über Bord gehen" und sich ein Stückchen vom Boot entfernen. Die auf dem Boot verbleibenden Kinder versuchen nun, diesem Kind den Rettungsball bzw. den Rettungsring zuzuwerfen. Das über Bord gegangene Kind versucht, den Ball bzw. den Ring zu greifen, um sich so wieder auf das Boot retten zu können. Anschließend geht ein anderes Kind über Bord.

Tipp:
Dieses Spiel sollte nur im Anschluss an das vorangegangene Spiel „Wirf den Rettungsball" (siehe S. 77) gespielt werden, da hier die Treffgenauigkeit geübt wird, die für dieses Spiel wichtig ist.

65 Krankentransport 10 Min.

Materialien:
keines

Wassertiefe:
tief

Durchführung:
4 Kinder warten am Beckenrand, alle anderen Schüler befinden sich im Schwimmbecken. 1 Kind, das ein krankes Kind spielt, verteilt seine Bakterien an seine Mitschüler, indem es diese antippt. Wer infiziert ist, legt sich als Treibholz auf den Rücken. Die 4 Kinder, die am Beckenrand warten, stellen zu zweit einen Krankentransport dar. Sobald sie ein krankes Kind sehen, schwimmen sie zu ihm hin und befördern es auf dem Rücken ziehend bis zum Krankenhaus (z. B. Treppe oder Beckenrand, sollte vorab bestimmt werden). Dort angekommen findet die Genesung statt und das gesunde Kind kann wieder am Spiel teilnehmen.

66 Kleine Rettungsübung 10 Min.

Materialien:
mehrere 5-kg-Ringe, 1 Pylone als Markierung

Wassertiefe:
tief

Durchführung:
Zunächst schwimmen die Kinder 15 m weit (markiert durch eine Pylone am Beckenrand) in einem beliebigen Schwimmstil, anschließend tauchen sie jeweils 1 5-kg-Ring aus dem Wasser herauf und halten diesen kurz hoch. Zum Abschluss schleppt jedes Kind 1 „Verletzten“ bis zum Ende des Beckes ab. Hierzu sollten die Kinder im Vorfeld Paare bilden, sodass jeder Schüler abgeschleppt wird und auch selbst abschleppt.

Tipp:
Dieses Spiel kann als Abschluss für die Einheit „kleine Rettungsmaßnahmen“ dienen.

7 Spiele mit dem Ball

Für den Schwimmunterricht der Grundschule ist es ebenfalls wichtig, auch unterschiedliche Spielformen mit Bällen anzubieten. Die Schüler lernen durch diese Spiele, sich im Raum zu orientieren, schwimmen teilweise bereits unbewusst bzw. instinktiv und haben vorrangig Spaß am Spielen. Aus diesen Gründen ist hier eine Auswahl an Spielen zusammengestellt, in denen der Ball das Hauptspielgerät ist. Diese Spiele müssen jedoch nicht unbedingt als Mannschaftsspiele gespielt werden.

Der Ball ist den Schülern ein vertrautes Sportgerät aus dem Sportunterricht. Sie kennen die Eigenschaften des Balles an Land und können nun ausprobieren, wie sich der Ball am und im Wasser verhält. Durch den Einsatz unterschiedlicher Bälle wie Wasserbälle, Softbälle oder Luftballons lernen die Kinder das Ab- und Einschätzen der Flugeigenschaften sowie des Tauchverhaltens der einzelnen Bälle und müssen sich je nach Ball immer wieder neu auf die Situation einstellen.

Alle Spiele eignen sich für Nichtschwimmer bzw. Schwimmanfänger, viele der Spiele sind allerdings durchaus auch für Schwimmer im tiefen Becken geeignet und können vom Lehrer entsprechend angepasst werden.

67 Schneller Ball — 10 Min.

Materialien:
1 Ball, 1 Tauchring pro Schüler

Wassertiefe:
schultertief

Durchführung:
Die Schüler stellen sich im Becken im Kreis auf und markieren ihre Position mit dem Tauchring, der vor jedem Kind im Wasser auf dem Beckenboden liegt.
1 Kind bekommt 1 Ball. Seine Aufgabe ist es nun, nachdem es den Ball an seinen Nachbarn weitergegeben hat, 1 Runde um den gesamten Kreis zu laufen, zu schwimmen oder zu tauchen. Die anderen Kinder im Kreis geben den Ball so schnell wie möglich weiter. Jedes Kind muss den Ball dabei in den Händen gehalten haben. In dieser Zeit versucht das Kind, das den Kreis umrundet, rechtzeitig zur nächsten Ballübergabe wieder an seinem Platz zu sein. Es läuft, schwimmt oder taucht also gegen den Ball. Anschließend ist das Nachbarkind dran.

Variante:
Schafft es das Kind nicht, wieder rechtzeitig an seinem Platz zu sein und den Ball in Empfang zu nehmen, muss es eine der folgenden Übungen durchführen, z. B.: 1-mal durch den Kreis tauchen, 1-mal durch den Kreis schwimmen, 1-mal auf beiden Beinen durch den Kreis hüpfen etc.

Tipp:
Bei einer geraden Anzahl an Kindern wird der Ball stets direkt an den Nachbarn weitergegeben. Bei einer ungeraden Anzahl an Kindern wird der Ball immer an den übernächsten Nachbarn weitergegeben, sodass der Ball erst nach 2 Runden wieder seine Ausgangsposition erreicht.

68 Balltransport

10 Min.

Materialien:
1 Ball pro Mannschaft, Pfeife

Wassertiefe:
schultertief

Durchführung:
Die Schüler werden in 2 gleich große Mannschaften eingeteilt. Jede Mannschaft stellt sich mit gegrätschten Beinen hintereinander im Becken auf. Der letzte Schüler in jeder Reihe bekommt 1 Ball und auf ein Startkommando durch den Lehrer wird der Ball durch die gegrätschten Beine nach vorne weitergereicht. Kommt der Ball beim vordersten Schüler an, schwimmt dieser mit dem Ball zum Ende der Reihe und stellt sich hinten an. Nun reicht er den Ball wieder durch die Beine nach vorne.

Gewonnen hat die Gruppe, bei der alle Schüler 1-mal dran waren und bei der alle Schüler am schnellsten wieder in ihren Ausgangspositionen sind (der letzte Schüler ist wieder der letzte in der Reihe etc.)

Varianten:
- Der Ball kann z. B. auch über die Köpfe der Schüler hinweg weitergereicht werden. Hierbei startet der Ball von vorne, hinten angekommen schwimmt der letzte Schüler mit dem Ball nach vorne und gibt ihn wieder nach hinten weiter.
- Sofern alle Schüler die verschiedenen Schwimmtechniken sicher beherrschen, können diese alternativ vorgegeben werden, z. B. kann der Lehrer vorgeben, dass die Kinder kraulend oder rückenschwimmend zum Ende der eigenen Reihe schwimmen müssen.

69 Wasserfußball

10 Min.

Materialien:
1 Wasserball, ggf. 4 Hütchen

Wassertiefe:
schultertief

Durchführung:
Es werden 2 Mannschaften gebildet, die gegeneinander spielen. Als Tore werden bestimmte Bereiche im Becken festgelegt; diese können z. B. 2 sich gegenüberliegende Beckenrandkanten sein oder es wird ein Bereich mit 2 Hütchen, die am Rand stehen, als Tor markiert. Die Schüler müssen nun versuchen, mit den Füßen den Ball so zu treffen, dass sie Tore erzielen. Dabei sollten sie jedoch auf andere Schüler achten und Vorsicht beim Wasserfußball walten lassen.

70 Königsball

10 Min.

Materialien:
2 Schwimmmatten, 1 Ball, Stoppuhr

Wassertiefe:
schultertief

Durchführung:
Die Schüler werden in 2 Gruppen unterteilt. Jede Gruppe bestimmt 1 König, der sich auf die jeweilige Schwimmmatte der Gruppe setzt. Ziel ist es, dem eigenen König den Ball zuzuwerfen. Fängt der König den Ball, erzielt die Mannschaft 1 Punkt. Die Matte des Königs darf auch bewegt werden, z. B. durch Ziehen, Schieben oder Wellenschlagen. Es zählen nur Würfe, die vollständig auf der Matte gefangen werden.

Um den Ball für die eigene Mannschaft zu erlangen, können die Spieler versuchen, sich gegenseitig den Ball abzunehmen und innerhalb der eigenen Gruppe zuzuspielen. Gewonnen hat die Mannschaft, die am Ende des Spiels (vorgegebene Zeit) die meisten Punkte erzielt hat.

71 Fängerball | 10 Min.

Materialien:
1 Ball

Wassertiefe:
schultertief

Durchführung:
Alle Kinder befinden sich im Wasser, das Spielfeld sollte vorab vom Lehrer eingegrenzt werden. 1 Fänger wird bestimmt. Dieser versucht nun, die anderen Schüler zu fangen. Als Hilfsmittel steht den Kindern, die gefangen werden sollen, 1 Ball zur Verfügung. Diesen werfen sich die Kinder zu. Wer den Ball in der Hand hält, kann nicht gefangen werden. Allerdings darf der Ball nicht länger als 5 Sek. in der Hand gehalten werden und muss dann einem anderen Schüler zugeworfen werden. Wurde ein Kind gefangen, ist dieses nun der Fänger.

72 Ball über die Schnur | 10 Min.

Materialien:
1 Ball, 1 Schnur zum Abtrennen der Spielfeldhälften

Wassertiefe:
schultertief

Durchführung:
Es werden 2 Mannschaften gebildet. Der Lehrer teilt das Spielfeld mittels einer Schnur in 2 Hälften, in denen sich die beiden Mannschaften jeweils verteilen. Die Schüler dürfen sich den Ball höchstens 3-mal im eigenen Feld zuwerfen, danach muss er über die Schnur in das Spielfeld der anderen Mannschaft gespielt werden.

Punkte werden erzielt, wenn der Ball vom gegenüberliegenden Feld aus der Luft gefangen wird. Fällt er auf die Wasseroberfläche, wird kein Punkt erzielt und ein neuer Spielzug kann beginnen.

73 Schulterball — 10 Min.

Materialien:
1 Ball, für 1 Mannschaft Badekappen oder kleine Tüten

Wassertiefe:
schultertief

Durchführung:
Jeweils 2 Schüler bilden zusammen 1 Paar, wobei 1 Kind auf den Schultern des anderen Kindes sitzt. Aus diesen Paaren bildet der Lehrer jeweils 2 Mannschaften, die gegeneinander spielen. Zur besseren Unterscheidung sollten die Mannschaften z. B. durch Badekappen (1 Mannschaft trägt Badekappen, die andere nicht) oder kleine Tücher, die um die Arme gebunden werden, ausgestattet werden.
Die Kinder, die ihren Partner auf den Schultern tragen, sollen versuchen, im Wasser zu laufen. Der Lehrer gibt nun 1 Ball ins Spiel. Das obere Kind ist für das Werfen und Fangen des Balles zuständig.

Ziel ist es, den Ball innerhalb der eigenen Mannschaft so oft wie möglich hin- und herzuwerfen, ohne dass der Ball ins Wasser fällt. Die gegnerischen Paare können hierbei störend einwirken. Gewonnen hat das Team mit den meisten Würfen und Fängen nacheinander.

Tipp:
Nach einer gewissen Zeit sollten die Paare ihre Rollen tauschen.

74 Pyramidenwerfen

5 Min.

Materialien:
je 3 Pullbuoys pro Pyramide, mehrere Bälle, ggf. Schwimmmatten

Wassertiefe:
schultertief

Durchführung:
Die Schüler bauen am Beckenrand aus jeweils 3 Pullbuoys mehrere Pyramiden. Wie beim Dosenwerfen versuchen die Schüler nun, die Pyramiden umzuwerfen. Hierbei geht es vorranging um den Spaß, ähnlich wie auf einem Rummelplatz.
Wenn die Schüler möchten, können sie natürlich innerhalb ihrer Gruppe die Versuche zählen, die benötigt werden, um die Pyramide vollständig zu Fall zu bringen.

Varianten:
- Um das Treffen schwieriger zu gestalten, kann der Abstand zu den Pyramiden variiert werden.
- Um das Spiel noch schwieriger zu gestalten, können die Pyramiden auch auf Schwimmmatten im Wasser treiben.

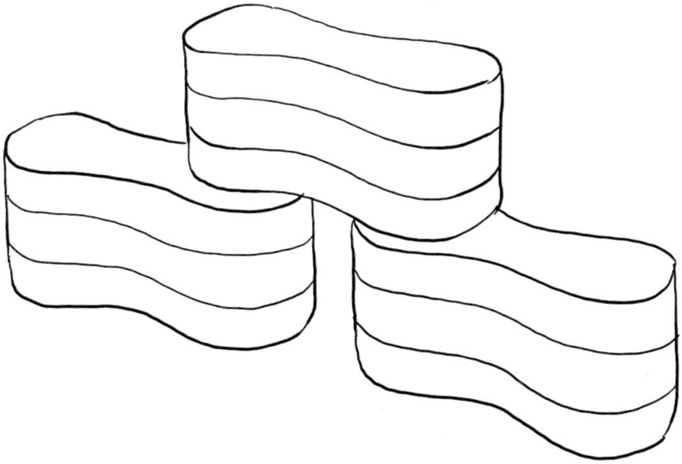

75 Wassermerkball

10 Min.

Materialien:
1 weicher Ball, z. B. 1 Wasserball

Wassertiefe:
schultertief

Durchführung:
Alle Schüler befinden sich im Schwimmbecken. Der Lehrer wirft 1 Ball in die Beckenmitte. Jeder Schüler darf sich nun den Ball nehmen und muss versuchen, einen Mitschüler abzuwerfen, bevor der Ball die Wasseroberfläche berührt. Gelingt dies, muss sich der getroffene Schüler an den Rand setzen und sich das Kind merken, das ihn abgeworfen hat. Dieses Kind darf erst dann wieder ins Wasser und mitspielen, wenn das Kind, das ihn aus dem Spiel geworfen hat, ebenfalls getroffen wurde.

Tipps:
Für dieses Spiel sollte ein möglichst weicher Ball, am besten ein Wasserball, verwendet werden.
Der Lehrer sollte darauf hinweisen, dass die Schüler beim Werfen möglichst vorsichtig sein sollen.

76 Ballsammler

5 Min.

Materialien:
viele Tischtennisbälle, Pfeife

Wassertiefe:
schultertief

Durchführung:
Alle Tischtennisbälle werden ins Schwimmbecken gegeben. Auf ein Kommando des Lehrers versuchen zunächst alle Schüler gleichzeitig, so viele Tischtennisbälle wie möglich auf einmal zu ergattern.
Nachdem alle Tischtennisbälle eingesammelt sind, haben alle Schüler in einer zweiten Phase nur 1 Versuch, ihre gesammelten Tischtennisbälle an Land zu bringen. Geht ein Ball unterwegs verloren, darf er nicht wieder aufgenommen werden. Am Beckenrand werden die Bälle dann gezählt und das Kind mit den meisten Tischtennisbällen an Land hat gewonnen.

77 Robbenball

10 Min.

Materialien:
1 Ball pro Team

Wassertiefe:
schultertief

Durchführung:
Jeweils 2 Schüler spielen gegeneinander. Als Robben stehen sie sich in der Beckenmitte gegenüber und versuchen nun, 1 Ball nur mit dem Kopf auf die gegenüberliegende Seite des Beckens zu befördern. Berühren die Kinder den Ball mit den Händen oder den Füßen, müssen sie wieder von vorne bzw. von ihrer Ausgangsposition beginnen.

78 Tauchball

10 Min.

Materialien:
1 weicher Ball, ggf. Stoppuhr, ggf. weitere Bälle

Wassertiefe:
schultertief

Durchführung:
Der Lehrer teilt die Schüler in 2 Mannschaften ein, die sich gegenüberstehen. Als sichtbare Feldtrennung kann über die Leinen, die die Schwimmbahnen voneinander abtrennen, gespielt werden. Die Mannschaftsmitglieder müssen nun versuchen, sich gegenseitig den Ball zuzuspielen, um in einem geeigneten Moment im gegnerischen Feld ein Kind abzuwerfen. Wer getroffen wurde, muss in die gegnerische Mannschaft wechseln. Retten können sich die Kinder, indem sie abtauchen. Es zählen nur Treffer, bei denen der Ball die Wasseroberfläche vorher nicht berührt hat. Gewonnen hat die Mannschaft, die am Ende alle Spieler in ihrer Gruppe hat.

Varianten:
- Es kann z. B. auch auf Zeit gespielt werden.
- Um das Spiel lebhafter zu gestalten, können mehrere Bälle eingesetzt werden, die nacheinander zum Spiel dazugegeben werden.

Tipps:
Für dieses Spiel sollte ein möglichst weicher Ball verwendet werden.
Der Lehrer sollte darauf hinweisen, dass die Schüler beim Werfen vorsichtig sein sollen.

79 Wasserball

10 Min.

Materialien:
2 Tore, 1 Ball (je nach Ausstattung des Schwimmbades kann auch mit 1 Tor gespielt werden), ggf. Badekappen für 1 Mannschaft, ggf. Stoppuhr

Wassertiefe:
schultertief

Durchführung:
Der Lehrer teilt die Kinder in 2 Mannschaften ein. Jeweils 1 Kind pro Mannschaft wird als Tormann bestimmt. Die Kinder werfen sich nun innerhalb einer Mannschaft 1 Ball zu. Ziel ist es, so viele Tore wie möglich für die eigene Mannschaft zu werfen.

Folgende Regeln sollten die Kinder beim Spielen beachten:

- Es ist nicht erlaubt, den Ball unter das Wasser zu drücken.
- Es ist nicht erlaubt, den Gegenspieler zu berühren oder mit Wasser zu bespritzen.
- Der Ball darf sowohl mit 1 als auch mit 2 Händen geworfen und gefangen werden.

Variante:
Je nach Ausstattung des Schwimmbades kann auch mit 1 Tor gespielt werden. Hierfür wird ein neutraler Tormann bestimmt, der versuchen muss, die Bälle beider Mannschaften zu halten. Als Anreiz für den Tormann kann man die Spieldauer zeitlich begrenzen und z. B. nach 3 gespielten Min. den nächsten Tormann bestimmen, der versuchen muss, genauso viele oder mehr Bälle zu halten.

Tipp:
Zur besseren Unterscheidung kann eine Gruppe der Schüler Badekappen tragen.

80 Wasserballtreiben

5 Min.

Materialien:
1 Wasserball pro Kind, ggf. Stoppuhr

Wassertiefe:
schultertief

Durchführung:
Alle Schüler liegen nebeneinander auf dem Rücken und halten sich mit beiden Händen am Beckenrand fest. Zu Beginn bekommt jedes Kind 1 Wasserball. Mit den Füßen versucht nun jedes Kind, durch Strampeln Wellen zu erzeugen, um so den eigenen Wasserball möglichst weit von sich weg zu treiben.

Varianten:
- Steht nicht für jedes Kind ein Ball zur Verfügung, können jeweils 2 Kinder Paare bilden und versuchen, ihren Ball gemeinsam anzutreiben.
- Es können auch 2 Gruppen gebildet werden, die gegenseitig versuchen, die Bälle möglichst weit von sich wegzutreiben. Bei dieser Variante kann auch auf Zeit gespielt werden.

Literatur

Büngers, B. (2013). 100 tolle Sport- und Bewegungsspiele. Klasse 3/4. (5. Aufl.). Donauwörth: Auer Verlag – AAP Lehrerfachverlage GmbH.

Buschmann, B. (2012). 111 Sportspiele im Wasser. Wassergewöhnung – Wasservertrautheit – Wasserbewältigung. 1.–4. Klasse. (4. Aufl.). Buxtehude: Persen Verlag – AAP Lehrerfachverlage GmbH.

DLRG Ortsgruppe Braunschweig e. V.: Spiele im Wasser:
http://og-braunschweig.dlrg.de/spiele-im-wasser/ (Abruf: 05.05.2015)
http://og-braunschweig.dlrg.de/ausbildung/spiele-im-wasser.html

Glintenkamp, K./Hoffmann, K. (2001): Spielen im Wasser macht Spaß. 131 Spiele für das nasse Element. Eigenverlag – Rothenburg o.d.T: http://www.glihof-spiele.de/book2.html

Hessischer Bildungsserver. Spiele im Wasser: http://lernarchiv.bildung.hessen.de/grundschule/sport/schwimmen/wasserspiele/index.html (Abruf: 05.05.2015)

Reinschmidt, C. (2014). 60 Schwimmspiele mit Hilfsmitteln. Schwimmfertigkeiten trainieren mit Flossen, Brett und Quietsche-Ente. Mülheim an der Ruhr: Verlag an der Ruhr.